Corinna Karl-Sander

Sagenhaftes Burgen- und Heideland

Die schönsten Geschichten und Legenden

SUTTON GESCHiCHTE

Danksagung

Mein besonderer Dank gilt meiner Familie, die mich in den vergangenen Monaten unterstützt hat, und vor allem meinem Sohn. Sein Lächeln hat mich motiviert.

Bildnachweis

Tourismusverband Sächsisches Burgen- und Heideland e.V./Wolfgang Siesing: Einband (Kriebstein-Burg3®Siesing090412_219); shutterstock/hinterhof: Vorsatz; shutterstock/kelifamily: Schmutztitel; shutterstock/Ulrike Haberkorn: S. 2; Shutterstock/artefacti: S. 7; shutterstock/Rusla Ruseyn: S. 12; shutterstock/ALEKSII CHEBONENKO: S. 23; shutterstock/anyaivanova_: S. 25; shutterstock/LaMia-Fotografia: S. 58; shutterstock/Karel Gallas: S. 78; shutterstock/Lev Levin: S. 86; shutterstock/Kristel Segeren: S. 93; Shutterstock/taviphoto: S. 94; shutterstock/Dave93: S. 103; shutterstock/Manuel Hurtado: Nachsatz; Hartmut Karl: S. 96, 111. Alle anderen Bilder stammen aus der Sammlung der Autorin.

Einband vorn: Burg Kriebstein.
Vorsatz: In der Dahlener Heide.
Schmutztitel: Die Elbe bei Torgau.
Nachsatz: Alte Fassade in Torgau.

Impressum
Sutton Verlag GmbH
Hochheimer Straße 59
99094 Erfurt
www.suttonverlag.de
Copyright © Sutton Verlag, 2017
ISBN 978-3-95400-833-9
Gestaltung & Satz: Sutton Verlag
Druck: Florjančič Tisk d.o.o. / Slowenien

Inhaltsverzeichnis

Vorwort

Wer hat nicht gerne den Geschichten der Großeltern über verwunschene Orte, verzauberte Wesen im Dorf oder Spuk in Burg und Schloss gelauscht? Früher gab man Sagen, Märchen und andere Geschichten über viele Generationen weiter, meist zur Unterhaltung, aber oft auch zur Mahnung. Sie gehören zur regionalen Identität. Heute wird die Welt rational und wissenschaftlich erklärt, Spukgeschichten werden seltener erzählt. Nicht zuletzt dadurch sind bereits viele Sagen in Vergessenheit geraten, teils für immer verschwunden. Diese Erzählungen aus einer längst vergangenen Zeit haben dennoch nicht an Reiz verloren. In diesem Büchlein werden einige Geschichten aus der umfangreichen Sagenwelt Sachsens erzählt und in den heutigen Sprachgebrauch übersetzt.

Das Heide- und Burgenland, das hier betrachtet wird, erstreckt sich von Kemberg bei Wittenberg im Norden bis Glauchau am Tor zum Erzgebirge. Im Gebiet um Bad Düben verbindet sich die wunderschöne Heide mit ihren dichten Wäldern und Mooren mit einer reichen Kulturlandschaft. Viele Heidedörfer sind durch Rad- und Wanderwege miteinander verbunden. Mühlen, Burgen und Bäche geben dieser Region ihren Reiz. Auch die Dahlener Heide, der Wermsdorfer Wald und die Elbauenlandschaft laden zum Entspannen, Radfahren und Durchatmen ein. Entlang der Mulde reihen sich Burgen und Schlösser wie eine Perlenkette von Bad Düben im Norden, über Eilenburg, Döben und Colditz, Rochlitz und Rochsburg bis Waldenburg aneinander und fügen sich in eine wildromantische Natur ein. Das Zschopautal bezaubert mit der majestätischen Burg Kriebstein auf einem steilen Felsen, dem wunderschönen Schloss Lichtenwalde und vielen Dörfern, die sich in enge Täler schmiegen. Ruinen wie jene der Burg Kempe bei Roßwein geben der Landschaft einen mystischen Charme. Ich habe in meinem Buch bewusst die Stadt Leipzig und das Neuseenland nicht betrachtet. Es gibt allein in der Metropole an der Elster und ihren angrenzenden Dörfern genug Sagen über Kobolde und Nixen, Geister, Hexen und mystische Ereignisse, um ein Buch zu füllen. Auch über den Bereich Altenburger Land existiert eine wunderbare Sagensammlung im Sutton Verlag, weshalb ich dieses Gebiet ausgespart habe.

Ich durfte auf einen großen Sagenschatz zurückgreifen, der durch Sammler bewahrt wurde. Ich wälzte die Bücher der großen Sagenforscher, wie Johann Georg Theodor Grässe und Alfred Meiche, die 1855 und 1903 ihre Hauptwerke veröffentlichten. Widar Ziehnert und Adolph Segniz verfassten ebenso im 19. Jahrhundert ihre Sammlungen in Reimen. Jeder von ihnen verwies stets auf ältere Quellen, verformte und bearbeitete die Texte stilistisch nach seinem Geschmack. Auch ich habe die Geschichten teils umgeschrieben, ohne natürlich den Sinn zu verändern. Meist bin ich nah am Original geblieben. Aber auch aus den Sammlungen engagierter Heimatforscher, wie Willy Winkler in der Dübener Heide oder Robert Schmidt im Bereich Oschatz, habe ich schöpfen können. Aktuelle Bücher, wie jenes von Anne Maurer über das Muldental und Frank Kreisler zum Dübener Land, um nur einige zu nennen, beschäftigen sich ebenso mit dem Thema.

Die ersten Quellen zur Sagenwelt gehen auf die Literatur des 16. bis 18. Jahrhunderts zurück und umfassen Chroniken, Reiseberichte und Kuriositätenliteratur. In den Geschichten stecken Wahrheiten, historische Begebenheiten und viel Aberglaube. Die Chroniken der Städte und Regionen sind spannende Lektüre und Geschichtsbücher zugleich. Unterschiedlichste Funktionen hatten Sagen zu jener Zeit. Mystisches und Historisches verknüpft sich, um die Entstehung von Städten, Bauwerken und Namen zu erklären. Sagen sind im Allgemeinen vor allem mit historischen Ereignissen, wie Raubzügen und Kriegen, oder mit bedeutsamen Personen verbunden und weisen im Kern geschichtlich belegbare Hintergründe auf. Das Unerklärliche wurde mit Wundern und Zauber, das Unfassbare mit Teufelseinfluss und Spuk gedeutet. Epidemien und Unglücke wurden oft Juden und angeblichen Hexen zugeschrieben. Ungewohnte Geräusche sollten eine einleuchtende Erklärung erhalten. Unheilsboten am Himmel, wie Kometen oder Vogelscharen, verkündeten schlechte Zeiten. Auch von geheimnisvollem Klopfen, Fallen und Werfen ist häufig zu lesen, was wiederum mit Todesfällen in Verbindung gebracht wurde. Gespenstische Tiere, wie Hunde oder Kälber, erschreckten Wanderer oder waren Unheilbringer. Weiße Frauen spukten in Herrenhäusern oder Schlössern. Viele Sagen im Heideland ranken sich um die Zeit des Dreißigjährigen (1618–1648) oder Siebenjährigen Krieges (1756–1763). Die Menschen hatten viel Leid, Plünderungen und den Tod erlebt. Die Felder waren zerfurcht von Kanonenwagen, statt in voller Blüte zu stehen. Die Bevölkerung hungerte, und so grassierten viele Tod bringende Krankheiten. Es wurden Schuldige gesucht. Manchmal war ein Basilisk, ein mythisches Mischwesen aus Hahn und Schlange, Schuld am Sterben in den Städten. Denn er vergiftete Luft und Wasser. Andere Geschichten zeigen, welche Wertvorstellungen die Menschen hatten. Bestimmte Charakterzüge wurden Personen zugesprochen, Fehlverhalten bestraft. Den Leser oder Zuhörer sollten diese Sagen mahnen, sich an bestimmte Verhaltensweisen zu halten. Im Burgenland erzählt man sich an verschiedener Stelle auch Sprungsagen. Im Zschopautal rettete sich Ritter Harras, bei Wolkenburg Haubold von Ende und bei Hartha Ritter Georg mit einem kühnen Sprung von einem Felsen in den Fluss vor den Verfolgern.

Gegen Ende des 12. Jahrhunderts errichteten die Herren von Schönburg, eines der ältesten sächsischen Adelsgeschlechter, eine Burg am Rand des Muldentals. 300 Jahre später wurde sie zum spätgotischen Wohnschloss – dem heutigen Schloss Glauchau.

Ich habe durch die Arbeit an diesem Buch meine Heimat besser kennengelernt. Viele versteckte, idyllische Orte, wie das Dorf Collm in der Dahlener Heide oder Battaune in der Dübener Heide, habe ich zum ersten Mal besucht. Rittergüter und Herrenhäuser, die teils durch ehrenamtliches Engagement wiederbelebt werden, alte Mühlen und sehenswerte Klosteranlagen habe ich besichtigt. Ich bin in deren für die Region bedeutende Geschichte eingetaucht. Dabei begegneten mir überall im Heide- und Burgenland Sagen. Ich möchte mit diesem Buch dazu beitragen, dass dieses Volksgut nicht vergessen wird. Gleichzeitig hoffe ich, den einen oder anderen für eine eigene Recherche zu begeistern, denn es warten so viele Sagen darauf, wiederentdeckt und erzählt zu werden. In diesem Sinne wünsche ich Ihnen jetzt erst einmal viel Spaß beim Lesen!

Ihre Corinna Karl-Sander

Das majestätische Schloss Rochlitz ist
mehr als tausend Jahre alt.

Spuk & Gespenster

Die Legende von der Weißen Frau

Wenn die Herbstnebel im Wermsdorfer Wald aufsteigen, das Unterholz knackt und am Himmel die ersten Wildgänse gen Süden fliegen, haben die Ruinen des wüsten Dorfes Nennewitz am Kirchenteich unweit von Sachsendorf etwas Unheimliches an sich. Deshalb erzählen sich wohl schon Generationen die Sage von der Weißen Frau, die noch heute in stillen, mondhellen Nächten umherwandeln soll. Früher traute sich niemand zu dem Kirchenteich, denn man wusste, dass die Weiße Frau ruhelos in ihrem seidenen, langen Kleid am Ufer entlangwandere, im Arm einen kleinen weißen Sarg. Sie müsse ihn an das andere Ufer bringen, bevor die Glocke die erste Stunde schlägt. Alle Menschen, denen sie begegnete, würde sie um Vergebung ihrer Sünden bitten. Das traurige Wesen sei der Geist der letzten Schlossherrin. Zu Lebzeiten, so erzählt man sich, sie sei als hochmütige und hartherzige Dame weithin bekannt gewesen, die sich wenig aus dem Schicksal der fleißigen Bewohner ihrer Dörfer machte.

Einst tobte ein gewaltiges Unwetter über dem Forst. Bäume schienen so schwach wie Grashalme zu sein und knickten ohne Widerstand um. Als der Sturm um die Mauern des Schlosses peitschte, geriet es plötzlich mit einem Donnerschlag und Aufleuchten in Brand. Doch niemand kam und half. Als nun alles niedergebrannt war und die Schlossherrin stumm auf einem Steine saß, erschien der alte Schlossgeist auf den Trümmern. Mit ernster Miene überreichte er ihr die Flüche und Verwünschungen all der vielen Menschen, denen sie Böses angetan hatte. Sodann sagte er: „Ich habe meine Strafe mit dem heutigen Tage verbüßt und kann jetzt ruhen. Doch an meine Stelle müsst Ihr jetzt treten, um Buße für all die begangenen Sünden zu tun!" Dann verschwand er für immer und der Ort war fortan kalt und unheimlich. Auch die Bauern des Dorfes, die zum Schloss gehörten, zogen bald darauf weg. Es wuchs Gras auf den Hütten, die Mauern verfielen, der Wind spielte lange Zeit noch mit der Asche des Schlosses. Allmählich versank das Dorf in der Erde. Nur eine Senke blieb zurück. Wie sich diese mit Wasser füllte, wissen nur der Wald und die Weiße Frau.

Wenn man in stillen Nächten zum Kirchteich geht, kann man ihr Schluchzen noch heute hören.

Die schmatzenden Toten

Von einem gruseligen Volksglauben berichtet die Legende der schmatzenden Toten. Als die Pest 1552 auch in Oschatz wütete, wurden Ende August zwei Wächter angestellt, welche drei Nächte auf dem Friedhof wachen und horchen sollten. Man hatte sich in der Stadt erzählt, dass die Toten geschmatzt hätten. Man glaubte, dass die schmatzenden Toten noch mehrere ihrer Freunde nachholen würden und das Fleisch und Blut ihrer nächtlichen Opfer verzehrten. Man wollte sie ausgraben und ihnen die Kleider aus dem Munde reißen, denn daran würden sie kauen, und ihnen mit dem Spaten der Kopf abstechen.

Auch in Wurzen hat man im Jahre 1595, als Typhus viele Menschen dahinraffte, die Toten schmatzen hören. Noch sehr lange entfernten die Leichenweiber an vielen Orten im Königreich Sachsen sorgfältig alles vom Mund der Verstorbenen, ehe sie eingesargt wurden.

Der Schamprich zu Nossen

Als sich noch Pferdewagen über holprige Straßen in Nossen quälten, trieb in den Gassen des Städtchens so mancher Geist sein Unwesen. Auf dem Fußweg an der Südseite des Schlossberges ging ein besonders ungewöhnlicher Geselle um, den man im Volke schlicht Schamprich nannte. Warum er diesen Namen trug, weiß auch die Legende nicht. Man erzählt sich jedoch, dass er so gar nicht den üblichen Vorstellungen eines Spukgeistes entsprach. Weder erschreckte er Kinder, noch schwebte er lautlos die Gemäuer hinauf und hinab. Er stöhnte oder ächzte nicht, wie man es vermuten könnte.

Er hatte aber eine andere Passion. Des Nachts pflegte er den Leuten aufzulauern und ihnen „aufzusitzen". Huckepack ließ er sich den Berg hinauf bis zur großen Eiche tragen. Die Last auf ihrem Rücken wurde den Nachtschwärmern mit jedem Schritt schwerer, sie ächzten und schnauften. Als sie oben angekommen waren, wunderten sie sich über das Gepäck. Denn jeder weiß doch, dass Geister und Gespenster federleicht sind. Dieses Rätsel beschäftigte die Nossener sehr, doch eine Lösung fanden sie nicht. So mancher spottete, dass nicht der Schamprich, doch mehr der Wein und das gute Bier, das in den Schenken der Ober- und Unterstadt floss, den Aufstieg erschwerte. Allerdings wurden auch die Nachtwächter Opfer seines Schabernacks. Es soll des Öfteren passiert sein, dass ihnen der Schamprich aus heiterem Himmel Ohrfeigen verpasste, wenn sie an der äußersten Ecke des nördlichen Schlossgrabens die volle Stunde bliesen.

Am Nossener Schloss trieb lange Zeit ein Geist sein Unwesen, der im Volke schlicht Schamprich genannt wurde.

Die Kindsmörderin von Meerane

Vor vielen Jahrhunderten lebte ein Herzog mit seiner Gemahlin auf dem Schloss zu Meerane. Da die Ehe kinderlos blieb, entschloss sich das Paar, ein Mädchen adliger Herkunft zu adoptieren. Als dieses zu einer bildschönen Jungfrau herangewachsen war, verstarb des Herzogs Gemahlin. Schon bald nach dem Trauerjahr heiratete der Alte seine Pflegetochter, als hätte er seine erste Frau längst vergessen. Sie schenkte ihm zwei Kinder, einen Knaben und ein Mädchen. Die Jahre vergingen scheinbar glücklich und zufrieden. Und als nun der Vater für immer die Augen schloss, blieb die junge Gräfin allein mit ihren acht und zwei Jahre alten Kindern.

Auf die Dauer missfiel der Frau jedoch das Alleinsein und sie versuchte die Liebe eines ihr nicht ganz ebenbürtigen Mannes zu gewinnen. Eines Tages sagte dieser jedoch zu ihr: „Alles ist gut, wenn nur die vier Augen nicht wären." Die verblendete Gräfin deutete seine Worte so, dass er sie heiraten würde, wenn ihre Kinder nicht im Wege stünden. Also fasste die einfältige Witwe einen grausamen Plan. Sie schickte

Im Dunkel eines Waldes in der Nähe von Meerane soll eine herzlose Mutter ihre Kinder ermordet haben lassen.

die Amme mit ihren Kindern in den nahe gelegenen Wald, das Gottesholz, wo bereits ein Bösewicht auf sie wartete. Allen dreien rammte der Mörder einen Dolch in die Brust, damit sie für immer schwiegen. Die herzlose Mutter ließ daraufhin die drei Leichen heimlich in die Burg bringen. Sie verbreitete das Gerücht, dass sie einer bösartigen Krankheit erlegen seien. Schnell ließ sie die Ermordeten in der Burgkirche beisetzen. Als ihr Liebhaber vom Tod der Kinder erfuhr, ahnte er, was passiert war. Er wandte sich von ihr ab. Er habe sie nur prüfen wollen, tadelte er sie, ob bei ihr sinnliche Liebe über Mutterliebe siegen würde. Eine Kindsmörderin könne er niemals heiraten.

Entsetzliche Reue überkam die Unglückliche nun. Nur durch schwerste Buße könnte ihre große Schuld zu sühnen sein, dachte sie, und ließ sich beide Knie mit Polstern umkleiden. In leichtem Gewand trat sie heulend eine Bußereise zum Papst nach Rom an – auf Knien rutschend. Wochen vergingen und sie wurde schwächer und schwächer. Als die Dreifachmörderin am Kloster in Rom ankam, brach sie tot zusammen. Ihre Seele fand im Grabe keine Ruhe, sondern irrt seither nach Erlösung suchend als Weiße Frau im Garten des Schlosses, dem jetzigen Pfarrgarten von Meerane, umher.

Der Geist vom Tannicht

Noch vor 100 Jahren oder mehr glaubte man in vielen Dörfern und Städten an Geister, die den Menschen aufhockten. Sie sprangen den Leuten auf die Schultern und wurden schwer wie ein Sack Mehl. Von dem Tannicht, einem feuchten Tale bei Meerane, sagte man früher, dass es einem dort aufhocke, also dass ein Geist sich da schon manchem mit bleierner Schwere auf die Schultern gesetzt habe. Das jedenfalls schreibt der Chronist Dr. Leopold. Er vermutet den Ursprung dieser Sage im Umstand, dass sich Leute verkühlten, die schwitzend von der Höhe des Crimmitschauer Weges in den Tannicht hinabgestiegen waren, und von Blutandrang befallen wurden.

Am Hexenbrunnen im Wildpark

Vor 1945 sprudelte aus einem kleinen Brunnen im Wildpark von Thammenhain, der sich damals noch viel weiter erstreckte, kühles Quellwasser. Die kleine Grotte nannte man von jeher Hexenbrunnen, doch warum sie so hieß, wusste keiner mehr. Zwischen den Bäumen, so erzählt eine alte Sage aus der Dahlener Heide, haben die Thammenhainer zu nächtlicher Stunde von Zeit zu Zeit eine Weiße Frau wandeln sehen. Im fahlen Mondlicht schien sie ruhelos auf und ab zu laufen, über Wiesen und zwischen den Bäumen. Sie hielt am Brunnen inne, seufzte schwer und lief gesenkten Hauptes weiter. Wer sie sah, dem stockte der Atem, bis sie sich im Dunkel des Parks verlor. Zahlreiche Nächte konnte man sie um Mitternacht im Mondschein beobachten. Über viele Jahrzehnte traute sich niemand, sie anzusprechen.

Ein junger Bursche jedoch wollte dem Spuk auf den Grund gehen. Er besorgte sich ein Fangnetz, wie man es zum Fischfang verwendet, und übte emsig den Umgang damit. Eines Abends legte er sich nun am Hexenbrunnen auf die Lauer, mit dem Netz und einer langen Kette bewaffnet. Als die Weiße Frau in ihrem langen Seidengewand zum Brunnen schwebte, seufzend und traurig, da sprang er aus seinem Versteck und warf das Netz über sie. Selbst seinen Freunden verriet er kein Sterbenswörtchen, was danach geschah. Er schwieg und lächelte. Von der Weißen Frau am Hexenbrunnen war fortan keine Spur mehr zu sehen.

Die Weiße Frau von Glauchau

Im Oktober 1675 hat sich auf der Superintendentur in Glauchau ein Gespenst in weißer Trauertracht sehen lassen. Es gab vor, adlig und Äbtissin im früheren Nonnenkloster zu Glauchau gewesen zu sein. Das erste Mal war sie einer Näherin und einer Kindermagd erschienen. Das Gespenst begann, die silbernen Tischlöffel zu zählen, zog den Mantel der Frau des Superintendenten an und ging damit auf und ab. Die Kindermagd machte sich lustig über die Weiße Frau und bekam augenblicklich im Mund und Gesicht heiße Blasen. Sie musste vierzehn Tage das Bett hüten. Ein heller Glanz umgab das Gespenst. Zwei Männer wollten es mit eigenen Augen sehen, doch ihnen warf die Weiße Frau einen schweren Stein in die Kammer, sodass alles erschüttert wurde. Dann ging sie in den Stall, drehte einer alten Ziege den Hals um und erdrückte eine Henne.

Der Näherin erschien das Gespenst fortan jede Nacht. Es stand an ihrem Bette und weinte. Die Tränen waren weiß wie Milch, die sie sich mit einem schönen weißen Schnupftuch abwischte. Der Superintendent verbot der Näherin, mit dem Gespenst zu reden. Doch eines Nachts tat sie es dennoch und fragte mit zitternder Stimme, was es denn wolle. Die Weiße Frau sagte ihr, dass sie mitkommen und einen Schatz mit ihr heben solle. Nach langem Zögern folgte sie dem Gespenst schließlich. Als sich die Tür zum Saal von selbst öffnete, kamen ihr etliche schwarz gekleidete Mönche entgegen, von denen ein sehr groß gewachsener ihr Licht ausblies. Daraufhin seufzte sie: „Ach, Jesus!" – Ein gewaltiger Tumult brach nun aus.

Am nächsten Tag war sie krank. Die Weiße Frau kehrte wieder und beschwor die Näherin, noch einmal mitzukommen. Angeblich warteten Kostbarkeiten aus Kirchen darauf, gehoben zu werden. Doch man fand nichts außer Ziegel und Totenknochen. Auch der dreijährige Sohn des Superintendenten wurde vom Gespenst erschreckt und sollte es sogar erlösen. Das war dem Geistlichen zu viel und er schickte die Näherin fort. In deren Kammer hörte man nun eine Stimme sagen: „Wenn ihr sie mir nicht zurückholt, so will ich am dritten Abend so toben, dass ihr nicht im Hause bleiben könnt." Unerschrocken antwortete der Superintendent: „Der Teufel ist ein Lügner und wird es auch diesmal bleiben." Tatsächlich blieb es am dritten Abend still und die Weiße Frau wurde nicht mehr gesehen.

Vom Gespenst entführt

In Delitzsch soll sich einst um 1680 ein gruseliger Fall einer Entführung zugetragen haben. So hatte eine Wöchnerin kurz nach der Geburt ihres Kindes die Stimme ihres Mannes vernehmen wollen. Er hatte ihr des Nachts zugerufen, dass das Haus brenne. Doch es war ein Gespenst, das die arme Frau in die Luft schleuderte, als diese aus dem Haus rannte, und am nächsten Fluss niederwarf. Hätte die Wöchnerin nicht gebetet und Gott um Hilfe angefleht, wäre sie wohl ersoffen.

Der Wilderer bei Wermsdorf

Fürchterlich heulte der Schneesturm im harten Winter des Jahres 1666 und peitschte Schneelasten gegen die brüchigen Mauern und Strohdächer der Häuschen. 18 Jahre nach dem zerstörerischen Dreißigjährigen Krieg, dessen Spuren noch immer in den armen Dörfern am Collm mit ihren durch Plünderung und Mordbrennerei zerstörten und nur notdürftig reparierten Hütten zu sehen waren, saßen die meisten Familien in einem Ort im Wermsdorfer Wald am Weihnachtsabend beisammen. Auch im Hause Pietzsch saßen die Großmutter, die Mutter, die schöne sechzehnjährige Johanne und sieben kleine Kinder in der Stube am Kamin, wo das Feuer nur glimmte und rauchte vom feuchten Leseholz. Der Vater war wütend gegangen, hatte versprochen, Fleisch mitzubringen. Da erschrak die Mutter plötzlich: „Jesus, der Vater ist als Wildschütz, ach Gott, als Raubschütz ausgegangen. Die Hirsche und Rehe haben uns letzte Nacht den letzten Kohl abgefressen." Der alte Groll gegen den boshaften, herrschaftlichen Jäger und die Erbitterung des Junkers, weil die schöne Hanne nicht seine Leidenschaft erwiderte. Dann noch der Jähzorn des Vaters. „Ewiger Gott, wie soll das nur enden?", jammerte sie, als ihr plötzlich Schnee ins Gesicht peitschte. „Blutig", sagte der Hausherr, der leichenblass, zitternd und blutbeschmiert in der offenen Tür stand. Er war beim Wildern vom Jäger erwischt worden und hatte im Kampf seinen Gegner erstochen.

Schon bald erfuhr der Rittergutsbesitzer, der es schon lange auf Traugott Pietzsch abgesehen und deshalb den herrschaftlichen Jäger auf ihn angesetzt hatte, vom Mord und ließ ihn vor Gericht stellen. Wie ein Wilderer sollte er bestraft werden. Auf einen Hirsch sollte der Verbrecher gebunden und totgehetzt werden, so entschied das Gericht. Das geschah nun auch trotz Klagen und Bitten der Kinder. Kurz nach der Exekution des armen Familienvaters starb auch die Mutter. Die schöne Hanne wurde fiebrig und wahnsinnig. Sie irrte im Forst oft wie ein Gespenst umher, klagte und jammerte besonders an jener Stelle, wo ihr Vater verscharrt worden war. Auch der Junker wurde krank. Jammernd bereute er viele seiner Taten. Als sich sein Zustand im Frühling langsam besserte, wollte er einen Ausritt mit seinem geliebten Pferd machen. Das scheute nach monatelanger Entwöhnung und raste mit dem noch geschwächten Reiter Richtung Wald. In seiner blinden Tollheit schlug das Ross den Weg ein, den damals der Hirsch genommen hatte. Am Grab des Jagdfrevlers kniete wie so oft die blasse Hanne. Der Junker erschrak beim Anblick der Irren. Das Pferd bäumte sich auf und überschlug sich. Von einem Huftritt gegen die Brust getroffen, röchelte der Mann kurz und starb. Jahre später starb auch Hanne. Sie soll auch im Tod durch den Forst gewandelt sein.

Mit Seerosen bedeckt, versteckt im Wald: Der stille Weiher am Hakenweg zwischen Sitzenroda und Schmannewitz trägt den sagenumwobenen Namen „Mordteich".

Der Mordteich zu Schmannewitz

Am Hakenweg, einer alten Straße zwischen Schmannewitz und Sitzenroda, findet man am unteren Ende eines ehemaligen Torfstiches auch einen idyllisch gelegenen, stillen Weiher. Im Spätsommer, wenn das satte Grün der Bäume sich in seinem Wasser spiegelt, die Libellen darüberhuschen, Frösche sich auf den Seerosen sonnen und die Grillen zirpen, meint man, Gestalten umgehen zu spüren.

Zwei Legenden ranken sich um diesen Waldteich, der im Volksmund Mordteich genannt wird. Eine der Sagen berichtet von einigen Jungfrauen, die an diesem Ort ermordet worden seien, weil sie sich ihre Unschuld nicht haben rauben lassen. Sie gehen heute noch an diesem Ort umher, erzählt man sich. Eine andere Legende besagt, dass zwei Fleischergesellen ein Mädchen umbrachten und nach der Tat ihre Hände im Teich wuschen. Aus diesem Grund färbe sich das Wasser in der Mordnacht noch heute jedes Jahr blutrot.

Das Gesicht des Rittergutspächters zu Leuben

An einem verregneten Morgen im 18. Jahrhundert, die Sonne war gerade erst aufgegangen und der Nebel stand schwer über den Feldern, unternahm der Pächter des Rittergutes in Leuben bei Oschatz nach alter Gewohnheit seinen alltäglichen Spaziergang. Sein Herrenhof, der umgeben war von einem Wassergraben, lud förmlich dazu ein. Er spazierte also durch die anmutige Allee, vorbei an einer saftig glänzenden Wiese linkerhand, bis zu einem schmalen Steg, der über die Döllnitz führte, die vom Dorf her den Wassergraben speiste. Da erblickte er nicht weit entfernt eine hagere, groß gewachsene Frau, die ihm vertraut schien. Auch Kleid und Haube kannte er. Sie kam ihm entgegen. Und weil er sich plötzlich ganz sicher war, seine Tochter zu sehen, die in der Stadt Mühlberg an der Elbe einen Gelehrten geheiratet hatte, eilte er ihr entgegen. Er klatschte vor Freude in die Hände und rief ihr zu: „Was machst du denn hier, liebe Tochter?" Sie lächelte ihn so sanft wie immer an, gab aber keine Antwort. Doch als er ihr über den schmalen, vom Regen noch glatten Steg helfen wollte, da verschwand sie plötzlich vor seinen Augen. Er wurde traurig und besorgt zugleich, rannte schnell nach Hause und erzählte seinen Lieben, was soeben passiert war. Den Tag über konnte er an nichts anderes denken als an seine Tochter. Er glaubte sogar schon, sie liege schwerkrank im Bett und war ihm deshalb erschienen.

Am nächsten Tag spannte er die Pferde vor die Kutsche und reiste der Elbe entgegen erst nach Strehla und überquerte unweit des Städtchens den Fluss. Aber er fand seine Tochter nicht sterbenskrank im Bett liegend, sondern frisch und munter bei der

*Das Rittergut in Leuben mit seinem Wassergraben hat schon bessere Zeiten erlebt.
Eine Sage spielt in der Blütezeit des Ortes. Derzeit wird das Anwesen saniert.*

Hausarbeit. Als er ihr nun erzählte, was ihn zur Reise über die Elbe bewegt hatte, sagte sie, dass sie genau zu dieser Zeit sehr an ihn und ihre Heimat gedacht hatte. Sie hatte sich nach Hause zurückgesehnt, woraufhin der Vater seine Tochter wieder mit nach Leuben nahm.

Die Schlossjungfrau von Kohren

Über Kohren-Sahlis auf dem Burgberg thronen seit vielen Jahrhunderten zwei Bergfriede, die die letzten Zeugen einer der ältesten slawischen Burganlagen der Region sind. Hier hatte das Geschlecht der Herren von Chorun ihren Sitz, das mit Ritter Thimo im 14. Jahrhundert erlosch. Alsbald erlosch damit auch die Bedeutung der Burg und schon Mitte des 15. Jahrhunderts verfiel sie. Einige Sagen ranken sich seither um die Burgruine. Die folgende spielt in der Zeit des Dreißigjährigen Krieges, als das Schloss noch zwischen den Türmen stand. Nach Jahren, die von Mord,

Plünderung und Seuchen überschattet waren und den Menschen den Lebensmut nahmen, keimte mit dem Friedensschluss 1648 endlich wieder Hoffnung auf ruhigere Zeiten auf. Die Regimenter wurden aufgelöst, die Kriegsleute entlassen. Viele Offiziere gingen in fremde Länder, um dort einer anderen Krone ihre Degen anzubieten.

Der tapfere Kriegsmann Utz von Cannewurf war einer davon. Nichts lockte ihn in die Heimat. Unbekümmert ritt er gen Westen nach Frankreich. Eines Abends stieg er in Kohren von seinem Ross und berauschte sich in einem Wirtshaus an Meißener Wein. Als er die beiden Türme der Burgruine am Nachthimmel erblickte, fragte er den Wirt: „Wer residiert da droben, ein Ehrlicher von Adel, der einen Kavalier aufnehmen würde?" Scherzend gab der Kohrener zurück: „Ach, die liegen schon lange in tiefem Schlaf. Wenn Ihr sie in ihrer Ruhe stört, wird es wohl keine freundliche Aufnahme. Mir schaudert es schon beim Gedanken an die Schlossjungfer." Doch der Kriegsmann antwortete trotzig: „Keine freundliche Aufnahme? Ich werde denen Respekt vor einem wohlversuchten Kriegsmann lehren. Ich kenne keine Furcht."

Er ritt also zur Ruine, die totenstill vor ihm lag, als ihm plötzlich eine weiße Gestalt am Fenster – die Jungfrau – zuwinkte. Er stieg ab, schritt auf das Schloss zu und lächelte noch einmal über die Warnung des Wirtes. Eine Wendeltreppe führte hinauf, wo sich wie von Geisterhand die Tür zu einem weiten Saal öffnete. Die Schlossjungfrau saß schweigend an einer langen Tafel. Utz von Cannewurf stellte sich vor, verbeugte sich und bat um Bewirtung und einen Schlafplatz. Schweigend reichte die Dame ihm Speisen und Wein und nahm ihm gegenüber Platz. Mit vollen Backen, noch kauend, wandte er sich seiner stillen Wirtin zu. „Ich nehme an, Sie sind die Tochter des Schlossherrn?" Sie nickte. „Eure Eltern haben sich schon schlafen gelegt?", fragte er. „Schon lange", hauchte die Jungfrau mit einer Stimme, die dem Nachtwind glich, der durch totes Schilf streicht. Die Jungfrau gefiel dem berauschten Edelmann immer mehr. „Glücklich ist der, der Sie später als Eheweib gewinnt. Ich wäre es", säuselte er. Die Gestalt kam näher und gab dem Junker die eiskalte Hand. Vom Freudenrausch und Wein ganz vernebelt warb er ritterlich um ihre Hand. Das Schlossjungfräulein lächelte und zog den Edelmann zur Tür hinaus in den Schlosshof. Immer mehr Diener in längst vergessener Tracht verneigten sich und folgten dem Paar zur Kirche. „Was zum Kuckuck!", dachte nun von Cannewurf. Durch die Kirchenfenster fiel der helle Mondschein. An den Pfeilern hingen halbvermoderte Trauerfahnen zum Gedächtnis an Verstorbene und Kerzen warfen düstere Schatten an die Wände. Schläfrig beugte sich eine steinerne Priestergestalt über den Altar und hauchte der Kerze zu, damit sie sich entzündete. Dem sonst furchtlosen Kriegsmann standen die Haare zu Berge, als die Stimme des gespenstigen Priesters dumpf aus dem Grabe fragte: „Junker Utz von Cannewurf, römisch-kaiserlicher Cornet, bist du geneigt und gewillt, dich mit gegenwärtiger edlen Jungfrau, Jutta von Chorun, zu verehelichen, so sag Ja."

Ein Gespenst soll man einst des Öfteren am Fenster des Schlosses in Kohren gesehen haben. Längst ist die Burg verschwunden, allein die Bergfriede stehen noch.

Der Ritter fühlte sich plötzlich zu keinem Worte mächtig. Er wollte fliehen, als ihn eine knöcherne Hand ergriff. Ein gellender Schrei hallte durch die Kirche und alles wurde lebendig. Die Totengeriffe huschten aus den Grüften, die Trauerfahnen fielen von den Pfeilern und die Kerzen erloschen. Die Glocke schlug, der Morgen erwachte. Knochige Arme schlangen sich um seine Hüfte, fleischlose Lippen flüsterten ihm zu: „Komm ins Brautbett, mein Herzallerliebster. Schlaf mit mir in der kühlen Gruft Seite an Seite." Utz von Cannewurf schrie auf. „Lass mich los! Ich will nicht!" Mit Händen und Füßen schlug er um sich. Ein heftiger Schlag warf ihn zu Boden.

Am Mittag erwachte er auf der Wiese im Hof liegend, neben ihm graste friedlich sein Pferd. Das Schloss war wieder totenstill. Ohne einen Augenblick zu verlieren, ritt der Kriegsmann in die Stadt, bestellte wortkarg einen Krug Wein beim Wirt. Bevor er davonritt, erzählte er ihm vom nächtlichen Spuk und endete mit den Worten: „Aber darauf kannst du Gift nehmen, und wenn ich noch hundert Mal in Euer Städtlein Kohren zurückkehre, im Schloss übernachte ich nie wieder!"

Immer in der Mittagszeit

Vor hundert Jahren oder mehr lag die Frau eines Pfarrers in Döbeln im Wochenbett. Sie fühlte sich oft einsam. Ihr Kindlein war erst sechs Wochen alt und um die Mittagszeit zwischen elf und zwölf Uhr wurde es unheimlich still. Ihr Mann studierte in seiner Kammer, die Mägde hatten sich zurückgezogen und die anderen

Kinder spielten im Hof. So geschah es, dass der Pfarrersfrau in der Mittagsstunde eine Weiße Frau erschien, die sie betrübt ansah und gar ansprach. Vor ihrem Verschwinden verbeugte sie sich und flüsterte, die Sechswöchnerin solle niemandem etwas davon erzählen.

Auch am nächsten Tag erschien sie wieder und die Pfarrersfrau hielt den Mund, auch wenn es ihr bange wurde. Schließlich bat sie ihren Mann in der verdächtigen Mittagszeit, wo niemand gerne alleine ist, jemanden vorbeizuschicken. Sie wolle Gesellschaft haben. Der Mann versprach es zwar, doch vergaß er es am nächsten Tag. So kam es, dass seine Frau in einen tiefen Schlaf fiel und träumte. Es war ihr, als würde sie am Fenster mehr als drei Meter in die Erde hinuntersinken und auf einem kupfernen Gefäß zum Stehen kommen. Sie erwachte und erschrak in diesem Augenblick über die Weiße Frau, die unweit von ihr stand und zu ihr blickte. Sie wollte laut aufschreien, doch gelang ihr das nicht. Das Gespenst aber sagte zu ihr, sie solle am nächsten Morgen unter dem Fenster graben, denn ihr Traum sei wahrhaftig. In dem Gefäß würde sie zwei Kelche finden, die die Frau in die Kirche schaffen solle. Das übrige Geschmeide könne sie behalten. „Aber seht nur zu, dass ihr es besser gebraucht, als leider ich es getan habe", schloss sie und verschwand. Die Pfarrersfrau erzählte das Geschehene ihrem Mann. Beide gruben am Folgetag unter dem Fenster. Tatsächlich fanden sie einen Schatz. Da erschien die Weiße Frau ein letztes Mal und seufzte: „Nun habe ich Ruh." Und verschwand.

Des Fischers Fluch

Unweit der mächtigen Sachsenburg, die sich über der Zschopau erhebt, lebte einst ein Fischer, der die Aufgabe hatte, die Herrschaft auf der Sachsenburg mit frischem Fisch zu versorgen. Dieser Dienst brachte Neider mit sich. Eines Tages erzählte ein Verleumder der Schlossherrin, der Fischer liefere nicht den gesamten Fang redlich ab. Er schaffe einen Teil davon auf den Markt nach Frankenberg und verdiene sich damit eine goldene Nase. Die Schlossherrin befahl ihn daraufhin zu sich und ließ ihn ohne eine Anhörung oder die Möglichkeit, sich zu verteidigen, in den Turm werfen.

Am folgenden Tage sollte er für seine Tat hingerichtet werden. Davon erfuhr auch des Fischers Frau, die mit ihren Kindern vor die Adlige trat und sie um Gnade anflehte. „Wer soll dann für uns sorgen?", fragte sie verzweifelt. Ohne ihren Ernährer würden sie in Not geraten. Doch es half nichts. Das Urteil stand fest. Da sprach die Fischersfrau einen schrecklichen Fluch aus: „Im Leben und im Tode sollst du nimmer ruhen! Erst wenn einer deines Geschlechts, ein Auge braun, das andere blau, geboren wird, erst dann seist du erlöst!", fauchte sie und ging.

Die Jahre vergingen. Der Fischer war längst vergessen. Doch als die Schlossherrin starb, sollte sich der Fluch erfüllen. Von da an geisterte sie in ihrem Leichengewand als Weiße Frau durch das Schloss. Viele Jahre vergingen so. Jeder Geburt sehnte sie entgegen. Doch niemals hatten die Kinder ein braunes und ein blaues Auge.

Eines Tages gelang es einem mutigen Dienstmann der Burg, das Gespenst zum Reden zu bringen. Die Weiße Frau berichtete vom Fluch und dankte ihm, dass er ihr zuhörte. Seine Anteilnahme erlöste das Gespenst und der Spuk war vorbei.

Die Musikkapelle vom Weinberg

Nahe Pretzsch am Ufer der Elbe erhebt sich der Gollmer Weinberg. Am Fuße desselben tanzten vor vielen Jahren Frauen und Männer sonntags zur Musik der Pretzscher Musikkapelle, tranken süffiges Bier und aßen vorzüglichen Kuchen. Dicke Zigarren wurden in den Männerrunden gepafft und die Kinder spielten zwischen den Tischen Fangen.

Einmal bekam einer der Musiker Kopfweh vom Trubel und ging in der Spielpause den Weinberg hinauf, während seine Kollegen sich in die geselligen Runden begaben. Entlang des schmalen Pfades wurde schon zu dieser Zeit Wein angebaut. Dicke Trauben hingen schwer an den mannshoch gewachsenen Rebstöcken. Der süßlich-frische Duft erfüllte die Luft. Tief atmete der Musiker ein und schloss die Augen. Als er sich gerade zwei Trauben pflücken wollte, bemerkte er nicht weit entfernt mitten im grünen Blättermeer eine kleine Musikkapelle. Die Musiker waren ganz anders gekleidet, als er es kannte – reich verziert und farbenfroh. Unter den dreiviertellangen Hosen trugen sie weiße Strümpfe und vornehme Schuhe. Lange, weiße Perücken hatten sie auf ihren Köpfen. Merkwürdig war besonders, dass sich kein Blatt rührte und die Musiker dennoch mitten im dichtbewachsenen Weinberg spielten. Mühelos fanden sie Platz, als seien sie aus Luft. Die Musik, die sie erklingen ließen, vom Kapellmeister mit seinem Taktstock dirigiert, war schöner als jedes Lied, das der Spaziergänger je gehört hatte. Bis zum letzten Ton sog er das Gehörte gebannt auf. Doch dann verschwand die Kapelle so plötzlich, wie sie erschienen war. Wie benommen taumelte der Musiker zurück zur Gastwirtschaft und sank auf einem Stuhl nieder. Seine Kollegen hatten längst zur nächsten Tanzrunde angestimmt. Er brauchte erst einmal einen großen Schnaps und erzählte nun, was er erlebt hatte. Es stellte sich heraus, dass auch anderen die seltsame Musikkapelle bereits erschienen war.

Kühne Ritter & mutige Taten

Der Basilisk in Torgau

In der Zeit, als noch schreckliche Ungeheuer den Frieden in den Dörfern der Heide störten und seltsame Wesen in den Gassen, Brunnen und Kellern der Städte Unheil stifteten, hauste in der beschaulichen Stadt Torgau an der Elbe ein schrecklicher Basilisk. Wer dem „König der Schlangen" begegnete, war verloren. Wer ihm in

„Der König der Schlangen", so nannte man früher das Wesen, das Unheil über ganze Städte bringen konnte. Das gefährliche Ungeheuer war halb Hahn und halb Schlange. Es verpestete die Luft, dass die Menschen wie Fliegen starben.

die Augen blickte, versteinerte auf der Stelle oder fiel tot zu Boden. Er verpestete mit seinem giftigen Hauch das Wasser aller Brunnen und ließ Pflanzen verdorren. Viele Bewohner wurden krank und starben. Die Ratsherren setzten hohe Belohnungen aus für den, der die Stadt von dem Ungeheuer befreie.

Endlich meldete sich ein Verbrecher, der in der Stadt gefangen gehalten wurde und zum Tode verurteilt war. Er hatte einst in einem Zauberbuch gelesen, wie man Basilisken bekämpfen kann. Er behängte sich mit mehreren Spiegeln, einen nahm er in die Hand und hielt ihn nach unten. Dann ließ er sich eine lange Leiter bringen und stieg in den Brunnen hinab. Als der Basilisk sein Spiegelbild erblickte, glaubte er, es sei noch ein zweites Ungeheuer im Brunnen. Das Wesen ärgerte sich so sehr, dass es vor Wut und Neid platzte. Torgau aber war von diesem Augenblick an von dem Übel befreit. Der Verbrecher wurde begnadigt.

Die treue Frau von Kriebstein

Zu Fastnacht im Jahre 1415 hörte man Gejohle und Gelächter in den Fluren der stolzen Burg Kriebstein hoch über dem Ufer der Zschopau. Der Winter war vorüber. Die Männer um Ritter Dietrich von Beerwalde feierten und betranken sich im großen Saale. Beerwalde, dem zehn Dorfschaften untertan waren, galt als reich und als harter Herr. Dieser ließ schon mal Wilderer auf Hirsche binden. Die Tiere stürmten dann aufgescheucht durch die Wälder und rissen ihre menschliche Last an Ästen und Baumstämmen in Stücke. In seinen Verliesen schmachteten Unschuldige neben Schuldigen und einige fanden dort den Hungertod. Kaum verwunderlich, dass manch Untertan stille Groll gegen ihn im Herzen trug. Ritter Dietrich von Staupitz, der sich in jener Fastnacht mit einer beachtlichen Zahl an bewaffneten Knappen aus Richtung Döbeln näherte, konnte ohne Mühe die Burgmannen überrumpeln und Kriebstein einnehmen. Dem Burgherrn gelang die Flucht und er schwor Rache. Einige seiner Getreuen eilten zum Markgraf nach Meißen und berichteten ihm vom frechen Landfriedensbruch. Markgraf Friedrich der Streitbare forderte Staupitz auf, die Burg seinen rechtmäßigen Besitzern zurückzugeben und schickte ein kleines Heer. Der Trotz gegen seinen Landesherrn stachelte Staupitz vermutlich noch mehr an, sich zu widersetzen. Auch einige Bürger von Waldheim, man sagt, auch der Bürgermeister selbst, hatten sich an seine Seite gestellt und belagerten die Burg.

Drei Monate verstrichen, jeder Sturmversuch wurde erfolgreich abgewehrt. Doch dann kam der Hunger. Die Vorräte in der Burg waren fast erschöpft. Die Aufmüpfigen standen gar dem Tode nahe. Ritter Staupitz selbst hatte das Fieber aufs Krankenlager geworfen. Doch auch die immer schwächer werdenden Wachen wussten, dass strenge Vergeltung auf sie wartete. Vor allem die Frauen auf der Burg

Hoch oben über der Zschopau thront die Burg Kriebstein, von der eine Sage über Treue und Liebe erzählt wird.

Kriebstein hielten es aber nicht mehr aus. Die Gemahlin des Staupitz, Clotilde, bat den Markgrafen inständig um Freiheit und Leben. Er solle doch wenigstens die Frauen mit dem Kostbarsten gehen lassen, was sie tragen können. Als Friedrich der Streitbare dem zustimmte, denn mit Weibern führte er keinen Krieg, dachte er wohl an das Geschmeide der Damen. Weil das Gesuch den Sachsenfürst derart berührte, beschloss er, Milde walten zu lassen und nur den Staupitz zu bestrafen.

Doch als sich nach zwei Stunden das Burgtor öffnete, trug eine vom Hunger gezeichnete Frau keuchend und wankend ihren fieberhitzigen Mann auf dem Rücken den steilen Berg hinab – es war Clotilde, die Staupitz das Leben retten wollte. Denn was war ihr kostbarer als ihr Ehemann? Mitleid und Rührung siegte über den Rachedurst des Markgrafen. Er hielt sein Versprechen und schenkte Staupitz das Leben.

Der kühne Rittersprung

Ganz in der Nähe von Frankenberg, im schönen Lichtenwalde, erhebt sich an der Zschopau der Harrasfelsen viele Meter hoch. Auf der Burg Lichtenwalde residierte Ende des 15. Jahrhunderts Ritter Dietrich von Harras. Der Sage nach soll er sich in

die Tochter einer verfeindeten Familie vom Schellenberg (Augustusburg) verliebt haben. Als er sich heimlich mit ihr treffen wollte, lauerten ihm Ritter Götz und sein Gefolge auf. Eine wilde Verfolgungsjagd begann und endete auf dem Haustein. Hier konnte sich Harras nur noch mit einem kühnen Sprung in den Fluss retten. Sein Pferd zerschmetterte. Die Zschopau tobte, aber Ritter Harras schwamm zum Ufer in die Arme seiner Liebsten. Ob die mutige Tat seinen Gegner besänftigte, weiß man nicht. Aber die

Schlossgarten von Lichtenwalde. Im Schloss lebte einst Ritter Dietrich von Harras. In der Nähe soll er sich mit einem kühnen Sprung vom Felsen vor Feinden gerettet haben.

Feinde söhnten sich später aus und Harras lebte ein glückliches Leben mit seiner Angebeteten.

Eine ähnliche Geschichte erzählt eine Sage zum Hauboldfelsen von Wolkenburg. Der Ritter Haubold auf dem Schloss Rabenstein hatte ein Bündnis gegen die Raubritter geschlossen. Auf dem Rückweg nach Wolkenburg lauerten ihm jene Halunken auf und sprangen aus dem Hinterhalt. Sie jagten ihn der Mulde entgegen und nur ein Sprung vom Felsen rettete ihn.

Die Bibel im Schmutze

Im Siebenjährigen Krieg sollte der kleine Ort Süptitz bei Torgau zum Schauplatz der blutigsten Massenschlacht des 18. Jahrhunderts mit 18.000 Toten werden. Der preußische König kämpfte wieder um Schlesien, das die Österreicher, an deren Seite die sächsische Armee stand, nicht hergeben wollten. Am 3. November 1762 verschanzte sich der österreichische Oberbefehlshaber Reichsgraf von Daun mit seinen Truppen in den Weinbergen von Süptitz. Im Dorf war es totenstill. Kaum wagte man zu atmen. Es roch nach Krieg. 400 Kanonen hatte Daun mitgebracht, 33.000 Mann standen bereit zum Kampf. Ein Donnern und Krachen begann, dass viele Menschen ihr Gehör verloren. Es regnete in Strömen. Sanken die Männer der einen Truppe verwundet oder tot zu Boden, rückten schon neue Kolonnen nach.

Um sich in der Nacht einen Überblick über das Schlachtfeld verschaffen zu können, gab Daun den Befehl, das Dorf abzufackeln. Da stellte sich eine Frau aus Süptitz den Soldaten in den Weg. Sie hob mutig ihre Bibel über den Kopf und rief Daun zu, dass er doch seinen teuflischen Befehl nicht geben und das Dorf verschonen solle. Er habe schließlich auch eine Heimat. Die Soldaten aber stürmten zum Dorf, rissen der Frau die Bibel aus der Hand. Das Buch fiel in den Schmutz. An diesem Tag wurde der General am Fuß verletzt und musste in Torgau behandelt werden. Als die letzten Toten des Dorfes beerdigt waren, kam ein berittener Kurier nach Süptitz und überbrachte dem Bürgermeister 200 Taler und für jeden Haushalt eine Bibel. In Fieberträumen war dem General immer wieder die Frau erschienen, deren Bibel in den Schmutz gefallen war. Das Gewissen plagte den Feldherrn so sehr, dass er den Schaden der Bauern gutmachen wollte.

Die Sage von der Bärensäule

Noch heute steht zum Andenken an eine besondere Begegnung mit einem Bären ein Denkmal in der Nähe von Weidenhain. Die Säule ist bärenhoch und kann besichtigt werden.

Vor mehr als 450 Jahren wurde so manches Wild im kurfürstlichen Wald erlegt. August von Sachsen liebte die Jagd und war auch oft um Torgau mit seiner Waffe erfolgreich. Als er einst im Jahre 1562 einen Bären erlegen wollte, traf er ihn nicht tödlich. Kurfürst August musste fliehen und rettete sich in letzter Sekunde auf einen Baum. Der Bär folgte ihm. Noch rechtzeitig eilte ihm Förster Thomas Meißner aus Weidenhain zu Hilfe und erschoss den Petz. Sein Landesherr war ihm so dankbar, dass er ein bärenhohes Denkmal errichten ließ.

Die Bärensäule steht noch immer an Ort und Stelle an der Bundesstraße Richtung Bad Düben und ist heute das Wahrzeichen von Weidenhain. Warum der Kurfürst einen Bären vor die Linse bekam, obwohl die Tiere in der Dübener Heide zu dieser Zeit schon lange nicht mehr heimisch waren, verrät die Legende nicht.

Vom Feuerreiter zu Nossen

Vor vielen Jahrzehnten, als die Dörfer und Städte allein durch Funkenflug in Schutt und Asche gelegt werden konnten, lebte irgendwo bei Nossen ein Rittergutsbesitzer, der laut einer Sage das Feuer bannen konnte. War ein Brand ausgebrochen, und das passierte schnell, kam er eilends angeritten, jagte unter geheimnisvollem Murmeln dreimal um das Feuer herum und verschwand wieder Richtung Fluss oder Bach. Dort löschte er das Feuer, sonst wäre er verbrannt.

Früher, als die Menschen ihre Brote noch selbst einteigten und backten, pflegte man in der Nossener Gegend bei ausgebrochenem Feuer den Backtrog vors Haus zu tragen und zum Feuer gerichtet an das Gebäude zu lehnen. Dann sollte sich, dem Aberglauben nach, der Wind drehen und vom Haus abwenden. Auch schaffte man

beim Retten seiner Habseligkeiten niemals zuerst die Betten heraus, sondern irgendetwas anderes, denn man glaubte, dass ansonsten seine eigenen Kräfte schwinden
würden.

Ritter Georg und der Spitzstein bei Döbeln

Die Legende von Ritter Georg weiß in Westewitz wohl ein jeder zu erzählen.
Anno 1228 wurde der Ort erstmals urkundlich erwähnt. Der Sage nach soll
der berühmte heilige Ritter Georg von seiner Burg auf dem „Staupen" von Feinden
vertrieben worden sein. Am Fuße des Spitzsteins hatte er einst einen feuerspeienden
Drachen erschlagen, der für Angst und Schrecken in der Bevölkerung gesorgt hatte.
Nun ritt er auf der Flucht mit seinem stattlichen Schimmel in Richtung Mulde und
jagte den Höhenzug hinauf. Seine Verfolger blieben dicht hinter ihm. Plötzlich ließ
der Ritter einen Zettel los. Dieser tanzte durch die Luft. Darauf hatte er geschrieben,
dass an jener Stelle, wo der Zettel zu Boden sinke, er eine Kirche bauen wolle, Gott
zum Dank für die erbetene Rettung. Seine Verfolger trieben ihn so weit, dass er an
der Felskuppe des Spitzsteins vorm Abgrund stand. Dort oben soll Georg sein zit-
terndes Streitross gefragt haben: „Schimmel, wie ist's?" Daraufhin sprang das mutige
Ross mit einem gewaltigen Satz über die Felsklippe in die Flut und trug seinen Herrn
ans rettende Ufer. Aus der Frage „Wie ist's?" soll der Ortsname „Westewitz" (früher
„Wecewic") entstanden sein. In Nauhain wurde jedoch die versprochene Kirche
errichtet. Die Kapelle trägt noch heute seinen Namen.

Der Drache von Grimma

Vor vielen Jahrhunderten lebte im Stadtwald zu Grimma ein schrecklicher Drache,
der nicht nur die Felder und Wiesen von Kaninchen und Rehen leer fraß. Seinem
unbändigen Hunger fiel schon bald das Vieh der Bauern in den Ställen zum Opfer.
Nun kam er immer wieder auch nach Grimma und verspeiste jeden, der nicht schnell
genug fliehen konnte. Viele mutige Männer wollten den Drachen zur Strecke bringen,
kamen aber kleinlaut vom Stadtwald zurück. „Besser zwei, als die ganze Stadt verwüs-
ten", dachten sich die Stadtobersten dann. Die Ratsherren ließen das Los entscheiden,
wer hinaus zum Spittel, also in den sicheren Tod gehen musste. Denn dort lebte das
Ungeheuer in einer Höhle. Als zwei alte, aber reiche Jungfern hinaus sollten, boten sie
aus Verzweiflung ihr halbes Vermögen dem an, der den Drachen tötete.

Da meldete sich ein armer Trompeter. Er wollte es versuchen und schwang sich
auf seinen Schimmel. Viele Bürger begleiteten ihn bis zum Wald. Sein Herz pochte

Bei Grimma erhebt sich an der Mulde ein Felsvorsprung, der im Volksmund nur Trompeterfelsen genannt wird.

wie wild, je näher er der Höhle kam. Die Schaulustigen blieben stehen. Er musste allein weiter. Doch welch Glück: Der Drache schlief und schnarchte laut, dass die Bäume wackelten. Mutig nahm der Trompeter seine Lanze und rammte sie dem Drachen in den Bauch. Das Tier sprang plötzlich auf, brüllte wild und schlug mit seinen Pranken um sich. Dem Trompeter blieb nur die Flucht durch den Stadtwald. Der Drache folgte ihm blutend und schnaufend bis zur Mulde. Plötzlich saß der Trompeter in der Falle, denn er stand vor einem Abgrund auf einem Felsen. Der Drache kam immer näher. Der Bursche nahm seinen letzten Mut zusammen und gab dem Pferd die Sporen. Mit einem Satz sprang der Schimmel vom Felsen in die Mulde. Erschöpft, aber lebendig erreichten beide das Ufer. Der Drache stürzte ebenso hinab. Er hatte jedoch bereits zu viel Blut verloren und ertrank. Der Felsen wird noch heute Trompeterfelsen genannt.

Teufel & Kobolde

Der Teufelsstein bei Mittweida

Seit eh und je wachen auf dem Galgenberg in Mittweida dicke, mit Moos über-wucherte, teils drei Meter hohe Granitblöcke direkt hinter der Direktorenvilla auf dem Campus der Hochschule über Kommen und Gehen, über Tag und Nacht. Manche mögen glauben, es seien die Steine, die den Studenten der Mittweidaer Hochschule vom Herzen fielen, wenn sie ihre Prüfungen bestanden haben. Andere erzählen sich noch heute die Sage, die einst Stadtpfarrer Friedrich Ludwig Würkert niederschrieb: Auf einem der Blöcke, die so schwer und hart sind, dass niemand sie verrücken oder zerstören kann, erblickt man die Spuren einer Riesenhand. Diese sollen ein Abdruck der Klauen des Teufels sein. Der saß nämlich einmal auf dem genannten Berge und beobachtete die Wallfahrt der Pilger nach Seelitz, wo ein Bild der Heiligen Jungfrau zu bewundern war. Das berührte ihn und er beschloss, sich zu bessern und Buße zu tun. Er wollte dem Herrn eine Kirche bauen. Als er jedoch die höllischen Heerscharen davon in Kenntnis setzte, wollten diese erst nichts von Reue und Besserung wissen. Dann aber versprachen sie, ihm gehorsam zu sein, wenn er vom Aufgang bis zum Untergang der Sonne seine Kirche fertig hätte. Der Teufel machte sich sofort an die Arbeit und errichtete auf dem Berg einen prachtvollen Dom. Allein während er mit Stolz seinen Prachtbau betrachtete, vergaß er, dass er den Heerscharen versprochen hatte, die Kuppel mit einem goldenen Kreuz zu zieren.

Als die Sonne nun hinter den Bergen versunken war, erinnerten ihn die höllischen Bewohner an sein Wort. Er schäumte vor Wut und stampfte derart auf die Erde, dass die Kirche zusammenstürzte. Dann warf er die großen Steinblöcke übereinander.

Der Siebensprung

In der Hohburger oder auch Wurzener Schweiz erstreckt sich eine Felsengruppe, die im Volksmund Siebensprung genannt wird. Der Sage nach lebte und spukte hier vor sehr vielen Jahren eine Geisterschar. Sieben Teufelchen oder Kobolde versteckten sich zwischen den Felsen und führten Wanderer, Holzleser und Beerensammler in die Irre. Sie erschreckten sie, bewarfen sie mit Steinchen und Würzelchen oder riefen ihnen „Kuckuck! Spitzhut!" hinterher. Gesehen wurden die Kobolde niemals, egal wie sehr man sich auch anstrengte, denn sie konnten sich mit Nebelkappen unsichtbar machen. In Hohburg ärgerte man sich sehr, denn die Kobolde kamen nachts ins Dorf und stibitzten Brot und andere Speisen.

Um sie loszuwerden, beauftragte man eines Tages einen Zauberer. Beim Abendgeläut begab er sich hinaus zum Siebensprung und sagte seinen Zauberspruch auf, um die Teufelchen hinauszujagen. Plötzlich rumorte es zwischen den Felsblöcken und sieben kleine Männlein rollten, jagten, kugelten über Stock und Stein das Tal hinunter. Die Hohburger glaubten, sie würden sieben tote Kobolde im Tal finden. Doch nur sieben Aschehäufchen entdeckten sie, die mit einem kräftigen Windstoß davongeweht wurden. Der Spuk war vorbei. Die Felsgruppe hieß fortan Siebensprung.

Das Teufelshufeisen

Um das Hufeisen am Fenstergitter der Kirche „St. Bartholomäus" in Belgern ranken sich einige Sagen, darunter jene über eine knausrige Wirtin, die den Teufel verärgerte. Denn vor langer Zeit nahm es jene Wirtin nicht so genau mit dem Eichstrich, dennoch kamen die Gäste gerne wieder, da das Bier besonders gut war.

Eine knausrige Wirtin aus Belgern hat einst Ärger mit dem Teufel bekommen.
Ein Schmied half ihr aus der Klemme.

Doch insgeheim wünschten sie ihr den Teufel an den Hals – oder wie man früher sagte: Der Teufel solle sie reiten.

Eines Tages tauchte tatsächlich Satan persönlich in der Schenke auf und bestellte ein Bier. Auch ihm schenkte die Wirtin zu wenig ein. Er fühlte sich betrogen. Eines Nachts verwandelte er die Betrügerin in ein Pferd und ritt mit ihr zur Schmiede der Stadt. Der Teufel befahl dem Schmied, das Ross neu zu beschlagen. Dieser machte sich schnell an die Arbeit. Als er den Vorderhuf anhob, raunte ihm die Wirtin zu, er solle doch langsam machen. Er erschrak, als er die Stimme seiner Verwandten erkannte. „Ja, reitet dich der Teufel?", stieß er aus und ließ das Eisen fallen. „Knapp Maß, knapp Maß – ich will es nimmer tun", versprach das Pferd. Der Schmied tat so, als brenne das Feuer schlecht und als fände er sein Werkzeug nicht. Endlich krähte der Hahn und mit einer Rauchwolke verschwanden Pferd und Reiter.

Am Morgen ging der Schmied zur Wirtin, um nachzusehen, ob alles nur ein Traum gewesen war. Doch statt dem üblichen Bierzeichen prangten vier glühend heiße Hufeisen an der Schenke. Die Wirtin lag blass und krank im Bett. Wie eines der Hufeisen später an die Kirche gelangte, erzählt die Legende nicht.

Der Lutherstein bei Tornau

Am 2. April 1521 brach Martin Luther in Wittenberg zu einer Reise auf. Vor wenigen Tagen hatte der blutjunge Kaiser Karl V. den Wittenberger Theologen nach Worms zitiert. Nun war Martin Luther, der durch päpstlichen Kirchenbann quasi zum ewigen Höllenfeuer verurteilt worden war, auf dem Weg zum Reichstag. Sein treuer Freund Nikolaus von Amsdorf, zudem ein Vertreter der Studentenschaft, der junge pommersche Edelmann Peter von Suaven und ein unbedeutender Augustinermönch begleiteten ihn neben den kaiserlichen Mannen. In der stolzen Kaiserstadt am Rhein verhandelten die mächtigen Reichsstände, Fürsten und Räte, Geistliche und Botschafter seit einigen Wochen über die wichtigsten Themen, die die deutschen Lande bewegten. Hier sollte der Querdenker seine Behauptungen widerrufen und damit die Festnahme und Überstellung nach Rom verhindern. Für die Reise hatte der Wittenberger Rat einen einfachen Rollwagen mit einem Schutzdach gegen Sonne und Regen besorgt. Die Stadtgrenze von Wittenberg lag bald hinter ihm, auch die Stadtkirche zu Kemberg war am Horizont verschwunden. Im Volk waren längst Luthers Werke zum wichtigsten Gesprächsthema geworden. Überall klopften ihm die Menschen auf die Schultern, empfingen ihn jubelnd und liefen ein Stück des Weges mit. Er musste weiter, erst nach Leipzig, dann über Weimar und Erfurt, Gotha und Eisenach in Richtung der Reichsstadt Frankfurt, um nach 600 Kilometern nach Worms zu gelangen.

Luthers Weg nach Worms führte ihn auch an Tornau vorbei. Dort wollte ihn der Teufel mit einem winzigen Stein im Schuh aufhalten. Ein riesiger Findling an der Bundesstraße erinnert daran.

Doch schon in der Dübener Heide wurde dem kleinen Reisezug einiges abverlangt. Die Karren quälten sich bei Tornau nur langsam voran. Als hätte der Teufel seine Hände im Spiel, blieben die Räder immer wieder im sandigen Boden der zerfahrenen Wege stecken. Die Pferde schafften die Last nicht mehr. Luther stieg ab, um zu helfen. Er trieb die Tiere an. Der Knecht schlug auf die Pferde ein und mit einem Ruck war der Wagen befreit. Luther lief ein Stück bis zur Anhöhe unter den Eichen und Linden zu Fuß und bemerkte einen Stein in seinem Schuh. Als er den winzigen Kiesel herausschüttelte, wuchs dieser zu einem Stein, dann zu einem Brocken und schließlich bis zur Größe eines mächtigen Findlings heran. Der Teufel hatte Luther den Stein in den Schuh gelegt, um dessen Reise zu verhindern, so erzählt es die Sage. Der Reformator sollte das reine Wort Gottes nicht weiter ins Volk tragen. Doch der Findling und selbst der Kaiser konnten den Theologen davon nicht mehr abhalten.

Der Teufel im Beichtstuhl zu Oschatz

In der Mitte des 13. Jahrhunderts hatten Franziskanermönche ein Kloster in Oschatz gegründet. Heute steht hier nur noch die imposante Klosterkirche. Stellt man sich nun das mittelalterliche Oschatz vor mit seinen dunklen, engen Gassen und finsteren Gestalten, fällt es nicht schwer, die folgende Legende zu glauben.

Einst soll ein Mönch zum Beichtstuhl gegangen sein, um die Beichten reuiger Oschatzer entgegenzunehmen. Da erschien eine Gestalt bei ihm und bekannte sich zu vielen Sünden, die sie begangen oder vollbringen geholfen hatte. Der Mönch erklärte erschrocken, dass kein Mensch zu all diesen Taten fähig sei. Da offenbarte sich ihm die Gestalt als der Teufel. Der Mönch fragte ihn daraufhin, weshalb er überhaupt beichte, da er doch wisse, dass er keine Gnade bei Gott finden könne. Satan aber antwortete, dass jedermann, der seine Beichte hier vorher abgelegt hatte, schwarz und hässlich gewesen war, nach der Absolution aber weiß und schön wurde. Deswegen sei er gekommen, um ebendies auch zu werden. Der Mönch aber verweigerte ihm die Absolution. Der Teufel fuhr daraufhin wutentbrannt in die Höhe und riss die Decke des Beichtstuhls mit sich. Zum Andenken an diese Begebenheit hing man an dem Orte, an dem sich dieser Vorfall zugetragen haben soll, eine Tafel auf. Auf dieser konnte man lesen: „1478 testibus historicis, renoviert den 22. Februar 1578".

Die Klosterkirche in Oschatz ist das letzte Überbleibsel eines Franziskanerklosters.
Der Teufel wollte hier die Beichte ablegen.

Der Edelmann und der Teufel

Einst lebte in der Nähe von Torgau ein Edelmann – in Klitzschen erzählt man sich, es war der Ritter Toyse –, der auf seiner Rückreise von Wittenberg einem seltsamen Mann begegnete. Dieser trug die Tracht eines wandernden Knechtes. Niemand erkannte ihn. Es war der Teufel persönlich, auf der Jagd nach einer Seele. Da der Edelmann dringend einen Knecht suchte, fragte er ihn, ob er nicht in seinen Dienst treten wolle. Freundlich lächelnd nahm dieser das Angebot des Ahnungslosen an. Schart, so hieße er, fügte er grinsend hinzu. Er verschwieg jedoch, dass dies auf Böhmisch Teufel bedeutet.

Der Edelmann zeigte ihm Haus und Hof, Stall und Tiere und befahl ihm, sich gut um seine Pferde zu kümmern. Es zeigte sich, dass der Junker ein gottloser Mensch war, der durch Raub und Mord seinen Lebensunterhalt fristete. Als er wieder einmal auf einen Raubzug gehen wollte, befahl er dem Knecht, besonders gut auf sein bestes Pferd achtzugeben. Da nun der Junker weggeritten war, brachte Schart das Pferd auf einen hohen Turm. Als der Edelmann zurückkehrte, steckte das Pferd den Kopf aus einem Turmfenster und fing laut an zu wiehern. Verwundert fragte er seine Dienerschaft, wer denn sein Tier dort hochgebracht hätte. Sein teuflischer Knecht meldete sich zu Wort und meinte, er wollte der Weisung seines Herren nachkommen und besonders gut auf das Pferd aufpassen. Man hatte große Mühe, den Gaul wieder vom Turm zu holen.

Ein anderes Mal begab es sich, dass der Ritter nach einem Beutezug auf der Flucht vor den Beraubten war. Das sah der Knecht und sagte: „Steigt schnell vom Ross und eilt zu Fuß weiter." Der Edelmann befolgte den Rat. Wenig später wurde er vom Diener eingeholt. Der hielt ihm einen Sack voller Hufeisen vor die Nase. Er habe diese den Pferden der Verfolger abgenommen. Sie hätten aufgeben müssen. Doch eines Tages erwischte man den Edelmann dennoch für einen Mord, den er begangen hatte. Im Kerker wartete er auf sein Urteil, das nichts Gutes für ihn bedeutete. Jammernd rief er nach seinem Knecht, damit dieser ihm wieder aus seiner misslichen Lage helfe. Sein Diener allerdings gab ihm zur Antwort, dass er diesmal nichts machen könne. Der Junker habe zu schwere Hosen mit eisernen Senkeln an. Der Edelmann ließ nicht locker und bettelte weiter, schließlich wartete der Henker auf ihn. Schart gab grinsend nach, forderte aber, dass sein Herr die Hände stillhalte und sich nicht bekreuzige, wenn er ihm helfe. Der Edelmann versprach alles.

Da packte ihn der Teufel und fuhr mit ihm rasant samt Ketten und Fesseln in die Luft, sodass der Edelmann brüllte: „Hilf Gott, wo bin ich?" Als er diese Worte gesagt hatte, ließ ihn der Teufel in einen tiefen Sumpf fallen, wo der Edelmann jämmerlich umkam.

Wie das Schneiderlein zu Brandis den Teufel überlistete

In Brandis lebte einst ein Schneiderlein, das selten Lust zur Arbeit hatte. Es saß lieber am Fenster seiner kleinen Hütte und lauschte dem Quaken der Frösche. Seine Bleibe stand wenige Schritte vom Macher Teiche entfernt und die Konzerte waren tags wie nachts zu hören. Weil deshalb so manche Naht nicht sauber gearbeitet war, schimpften die Kunden und machten ihm Ärger. Das Schneiderlein fluchte tagein und tagaus, wünschte so manches Mal alles zum Teufel. Eines Tages – er hatte es kaum ausgesprochen – stand der Teufel tatsächlich vor ihm und blickte ihn fragend an. „Du hast mich gerufen? Nur wisse, wer mich ruft, verkauft mir seine Seele. Also, was willst du?" Das Schneiderlein, zuerst angsterfüllt, überlegte kurz und erwiderte dann verschmitzt. „Ich würde schon. Vorher lass mich noch mal so richtig leben. Wie steht's damit?" Der Teufel überlegte nicht lange und stimmte ihm zu, dem Schneiderlein sieben Jahre lang jeden Wunsch zu erfüllen. Der Vertrag wurde mit drei Tropfen Blut besiegelt.

Fortan lebte der Schneider ohne Sorge oder Krankheit. Ihm erging es glänzend. Er tat so, als arbeite er, allein damit die Nachbarn nicht merkten, dass er immer genug Münzen in der Tasche hatte. Jahr um Jahr verging und als nur noch eine Stunde bis zum Ablauf der Frist auf der Uhr stand, kam der Teufel und wollte das Schneiderlein holen. Doch so schnell wollte es seine Seele nicht freigeben. Der Schneider war zwar faul, aber pfiffig. Schmeichlerisch wandte er sich an den Teufel. „Ich erfülle meinen Teil des Vertrages ohne Frage. Doch warum die Eile? Einen kleinen Wunsch hätte

Der zauberhafte Macher Teich bei Brandis ist Lebensraum für viele Tierarten und offenbar schon immer auch von Fröschen. Denn eine Sage erzählt von den Konzerten, denen man hier am Abend lauschen kann.

ich noch. Es ist ja noch reichlich eine Stunde Zeit. Bring mir doch die Frösche des Macher Teiches. Ich habe sie so gern gehört und will mich von ihnen verabschieden, wie es sich gehört." Der Teufel ging sogleich ans Werk. So sehr er sich aber mühte, die Frösche im Zimmer zu versammeln, sie hopsten und glitten ihm aus den Händen. Immer wieder sprang er den Fröschen hinterher, die in die Ecken des Raumes und aus dem Fenster hüpften. Es gelang ihm nicht, den Wunsch des Schneiderleins zu erfüllen. Das machte ihn wütend. Er stampfte mit den Füßen auf, zitterte wild und fluchte. Mit einem mächtigen Furz endete das Schauspiel. Der Teufel fuhr zur Hölle und das Schneiderlein war aus dem Schneider.

Ein schlaues Mutzschener Bürschchen

Vor langer Zeit lebte ein armes Bäuerlein im Mutzschener Ortsteil Gastewitz eher schlecht als recht. Es kam sogar so weit, dass es seinen Steuergroschen nicht mehr zahlen konnte. In seiner Verzweiflung dachte der Bursche dann, dass ihm nichts anderes übrig bliebe, als den Teufel um Hilfe zu bitten. Als auf seinem Hofe alles schlief, begab sich der Bauer zu einem Wegekreuz und rief laut den Teufel an. Dieser ließ sich nicht lange bitten und stand plötzlich vor ihm: „Was ist dein Begehr", fragte er. Der Bauer jammerte von seinem Pech: „Ich weiß nicht mehr weiter. Zwar waren die Ernten der vergangenen Jahre nicht schlecht. Wenn ich aber nicht bald an Geld komme, verliere ich den Hof. Geh mit mir einen Pakt ein und verhelfe mir zu Geld", bat ihn der Bauer. Der Teufel willigte ein, unter einer Bedingung: „Ich will dir diesen Sack Gold geben", sagte er und hielt dem Bauern plötzlich einen Beutel voller klirrender Münzen entgegen. „Aber du gibst mir dafür alles, was auf deinen Feldern im Herbst wächst." Ohne zu zögern, willigte auch der Bauer ein und nahm den Sack voller Gold an sich. Er bestellte seine Felder und konnte seine Schulden begleichen.

So vergingen sorglose Wochen und Monate. Im Herbst erschien nun der Teufel mit einem großen, aber noch leeren Sack, um seinen Lohn vom Felde zu holen. Der Bauer lächelte verschmitzt und führte Lucifer zum Feld hinaus. „Hier sollst du deinen Lohn holen. Du wolltest das haben, was auf dem Felde wächst. So hatten wir den Pakt geschlossen. Das kannst du haben." Den Teufel durchfuhr ein jäher Schreck. Denn womit war das Feld bestellt? Es waren Rüben. Auf dem Felde lag nur welkes Blattwerk. „Du bist ein schlaues Bürschchen", gab der Teufel zu. „Doch mich narren, das wirst du nicht. Im nächsten Jahr werde ich meinen Lohn schon holen. Dann ist alles unter dem Felde mein."

Und wieder vergingen die Monate sorglos, aber mit viel Arbeit. Im Herbst stand der Teufel wieder mit seinem großen Sack auf dem Hof des Bauern. Und siehe da, der schlaue Bauer hatte goldenes Korn auf den Feldern. Dem Teufel blieben nur die Wurzeln. Darüber wurde er so wütend, dass er schnaubend den Sack zu Boden warf, mit den Füßen stampfte und im Erdboden versank. Der Ort, an dem der Teufel seinen Sack liegen ließ, heißt heute noch Teufelssack.

Kobolde in Falkenhain

Vom Dörfchen Falkenhain im Lossatal wissen die Sammler von Sagen einiges zu benennen. So sollen hier mehrere Kobolde ihr Unwesen getrieben haben und so geschah es, dass ein Mann einen Kamm fand und in sein Haus brachte. In der Nacht soll es daraufhin unheimlich gepocht und rumort haben. Der Mann schmiss den Kamm aus dem Fenster. Am nächsten Morgen war er verschwunden. Den konnte seiner Meinung nach nur ein Kobold geholt haben.

Ein anderer Bauer entdeckte auf seinem Felde bei Falkenhain einen Strohhalm, der anders war. Er sah nicht anders aus als gewöhnlich, aber er bewegte sich anders. Der Bauer begriff schnell, womit er es hier zu tun hatte, und zündete den Halm an. Er staunte jedoch nicht schlecht, als am nächsten Morgen seine Magd ohne Haare auf dem Kopf über den Hof ging. Ihm war sofort klar, dass nur sie der Kobold gewesen sein konnte, der sich als Strohhalm gezeigt hatte.

Über eine enge Gasse, die zum Friedhof und weiter zur Lossa führt, erzählten sich die Leute einst unheimliche Dinge. Ihnen war diese Wasserstelle, die im Volksmund „Hahnborn" hieß, nicht geheuer. Nachts konnte es dort ungemütlich werden, wenn sich der Kobold gestört fühlte, der sich dort eingenistet hatte. Es konnte passieren, dass er den nächtlichen Spaziergängern auf den Rücken hopste und sich im Nacken festklammerte. Die Last wurde immer mehr, der Gang unsicherer und das Sprechen fiel ihnen schwerer. Angstschweiß rann ihnen über die Stirn. So mancher stürzte und rang nach Luft. Nie wurde ein Wort dabei gesprochen. Erst vor der Wohnungstür gab der Kobold sein Opfer frei. Am nächsten Morgen erinnerten sie sich nur noch an die panische Angst, die sie in der Gasse verspürt hatten. In dieser Borngasse will eine Gruppe von Mägden ein feuriges Kalb erblickt haben, das zwischen den Weinreben an den Gemäuern saß.

Ein anderes Mal war eine Frau allein des Nachts an jener Stelle unterwegs. Sie beeilte sich, doch plötzlich hörte sie ein jämmerliches Miauen. Eine kleine Katze hockte da. Weil sie tierlieb war, nahm die Frau das Kätzchen in ihren Korb und brachte es zu sich nach Hause. Dort setzte sie es an den warmen Ofen. Doch eh sie sich versah, wuchs die Katze und wuchs. Und plötzlich hockte ein Kobold in ihrer Stube, war aber sogleich wieder verschwunden.

Ob in Falkenhain nun mehr Kobolde lebten als anderswo, kann hier nicht gesagt werden. Vielleicht haben sich nur mehr Menschen daran erinnert und die Geschichten von Generation zu Generation weitererzählt.

Der Hund an der Feuerkette

Ein Hund an einer feurigen Kette trieb einst im Dornreichenbacher Park sein Unwesen. Er lief den Leuten nach und versetzte die ganze Nachbarschaft in Angst und Schrecken. Allerdings tat er dies nur bis 1 Uhr nachts, dann verschwand er und es wurde still. Nicht weit von dem Dorf im Lossatal entfernt, beim Nachbarn in Falkenhain, wurde er ebenso gesehen. Als die Dornreichenbacher Straße noch Steinstraße hieß, will ein Kleinknecht hinter der Brücke auf der Wiese eine helle Gestalt entdeckt haben. Erst dachte er, er hätte sich getäuscht. Wie Feuer erschien es ihm, aber auch wie ein großes Tier. Es näherte sich. Der Bursche hielt inne. Dann erkannte er einen Hund. Doch um seinen Hals klirrte und schaukelte feurig eine dicke Kette. Als das Tier ansetzte, um loszuspringen, packte den Knecht die Angst und er lief um sein Leben. Er war überzeugt, an jenem Abend den Kobold in Tiergestalt gesehen zu haben. Seither hieß es in Falkenhain, dass es im Oberdorf in der Steingasse umgehe.

Sechs Teufelskünstler in Leisnig

Einst konnte man in Leisnig eine Steinskulptur an einem Scheunentor vorm Obertor bewundern. Da streckten sich sechs Männer auf dem Gesicht liegend in einem Kreis nieder, indem sie sich mit den Füßen berührten. In der Mitte war Raum für die Charaktere der Gestalten. Das Steinbild hatte ein Kupferschmied namens Johann Richter als Mahnung und aus Dankbarkeit anfertigen lassen. Denn als er jung und unerfahren auf Wanderschaft in Böhmen war, es mag irgendwann im 17. Jahrhundert gewesen sein, hatte er in Prag die Bekanntschaft von sechs Männern gemacht – böse Gestalten. Sie hatten Teufelskünste erlernen wollen und sich in Luzifers Hände begeben. Der hatte verlangt, dass sich die Burschen nach oben beschriebener Figur auf den Boden legen. So hatten sie darauf gewartet, was passiert. Johann Richter jedoch war das nicht geheuer gewesen. Er hatte nicht eingewilligt, sondern war weggegangen.

Viel später erfuhr er, dass sich genau diese Gesellen so manchen bösen Scherz leisteten, dass sie allerlei Künste an den Tag gelegt hatten, die anderen nicht möglich waren. Doch wer seine Seele an den Teufel verkauft, für den kommt früher oder später die Abrechnung. Denn auch für die Burschen nahm die Geschichte kein gutes Ende. Einer nach dem anderen, so erfuhr der Kupferschmied, war schändlich ums Leben gekommen.

Tödliche Geschichten & Fehden

Das Tiefenseer Schloss

Als das Land noch von undurchdringlichen, sumpfigen Wäldern bedeckt war, lebte ein Völklein unter einem strengen Herrn in der Nähe vom heutigen Bad Düben. Seine Ahnen hatten die ersten Siedler ins Land geführt, deshalb war er ihnen Gebieter und seine Burg deren sichere Zuflucht in Fällen der Gefahr. Denn sie war umgeben von Wasser und Sumpf und galt als uneinnehmbar. Das wusste der Ritter, was ihn hart und unnachgiebig machte. Sein Wesen war unberechenbar, seine Seele hartherzig und kalt. Die Dörfler fürchteten ihn mehr, als sie ihn liebten. Sein jüngerer Bruder Odward hingegen liebte das einfache Volk und die Dörfler liebten ihn und sein warmherziges Wesen. Denn er vermochte so manche böse Tat des Bruders in eine gute zu verwandeln.

An einem stürmischen Novembertag saßen einige Edelleute beim Würfelspiel in der Burg, darunter auch die Brüder. Odward gewann Spiel um Spiel, während der Erstgeborene unaufhörlich verlor. Nachdem er so manches Stück Land, dieses und jenes Recht verspielt hatte, denn um Kleinigkeiten spielten die Edlen nicht, packte den Älteren der blanke Zorn. Er sprang auf und stach seinen Bruder nieder, ehe dieser sich verteidigen konnte. Er packte den Unglücklichen und warf ihn in den schäumenden See. Doch nun tobte der Sturm immer heftiger. Der Regen peitschte gegen die Burgmauern, heulte und johlte. Der Himmel verdunkelte sich und der Regen ergoss sich in Strömen über das Land. Die Wellen schlugen immer höher, der Boden zitterte. Nun stöhnten die Balken der Burg. Furcht und Schrecken erfasste die Menschen, die eben noch mit heißen Köpfen beim Spiel gesessen hatten. Donnerschläge ließen die Luft erbeben, grelles Licht erhellte See und Burg und blendete für Sekunden die Augen. Bis plötzlich unter ihrem Geschrei des Entsetzens das Wasser aus allen Fugen brach.

Am nächsten Morgen war die Burg verschwunden, der Weiher lag friedlich, als wäre nichts geschehen. Nur das Wasser war dunkel und blutrot. Die Bewohner der Lehmhütten fanden Odward schwer verwundet am Ufer. Als er wieder genesen war, baute er eine neue Burg am Rande des Sees. Drin wohnten Liebe und Treue. Er ließ Großmut und Güte walten und wurde von seinem Volk geliebt. Denn nun war er der neue Herr. Wer aber das versunkene Schloss von Tiefensee sehen will, der muss bei Mondschein hinausfahren auf den kleinen See. Drunten liegt es am düsteren Grunde.

Der Todtenborn zu Leisnig

Dass die Liebe ein schreckliches Ende nehmen kann wie bei Romeo und Julia, wird in einer Sage aus der Vorstadt Neusorge zu Leisnig erzählt. Hier trafen sich zwei Liebende an einem schönen Brunnen. Einst standen hier noch Bäume und Sträucher, in deren Schatten die vornehme Prinzessin und ihr Prinz einander viele Stunden lang die Hand hielten. Doch es kam ein Tag, die beiden hatten sich für eine bestimmte Zeit verabredet, da wartete die Prinzessin vergebens. Als nun eine Stunde verstrichen war, meinte sie, der Prinz käme nicht mehr. Falls ihr Geliebter dennoch einträfe, so wollte sie ihm ein Zeichen dalassen, dass er weiß, dass sie an Ort und Stelle war. Deshalb breitete sie ihren Mantel am Brunnen aus und ging. Nun geschah es, dass der Prinz doch noch auftauchte. Er fand den Mantel und auf diesem einen jungen Löwen liegen. Tief erschrocken glaubte er, seine Liebste wurde von dem wilden Tier gefressen. Da erstach er sich mit seinem Dolch. Als man nun hier den leblosen Prinzen fand und die Prinzessin davon erfuhr, eilte sie zum Brunnen, nahm den Dolch, der noch in der Brust ihres Liebsten steckte, und tötete sich mit einem Hieb. Der Brunnen hieß fortan Todtenborn.

In Leisnig erzählt man sich eine traurige Geschichte, wie jene von Romeo und Julia.

Der Schuss in den Himmel

Der Besitzer des Rittergutes Polenz bei Brandis haderte einst so sehr mit Gott, da eine anhaltende Dürrezeit dem Mann und seinem Gut arg zusetzte, dass er aufs Feld hinausritt. Er erhob sein Gewehr und feuerte in den Himmel. Kurze Zeit darauf wurde der Mann verrückt und fand nach seinem Tod keine Ruhe im Grab. Um Mitternacht sahen ihn die Bewohner des Ortes noch lange als schwarzen Kater auf dem alten Neustädter Friedhof umhergeistern.

Das Grab der Treue

Aus der Frühzeit der längst durch Kriege und Feuersnöte zerstörten Sorbenburg in Düben erzählt man noch heute eine Sage über die treuen Diener des Burgherren. Einst hätten Feinde die Burg umzingelt, sie mit Schwert und Feuer bedrängt. Viele hunderte Mannen in der Übermacht ließen sie weder hinein noch hinaus. Woche um Woche verging, bald quälte Hunger und Durst den Burgherren und sein Gefolge. Dieser sah mit Schrecken den Tag kommen, an dem er trotz Tapferkeit seiner Getreuen die Tore öffnen müsste. Der Tod würde auf beiden Seiten warten. In seiner Not erinnerte er sich eines Nachts an die Worte seines Vaters auf dem Sterbebett. Es gäbe einen geheimen unterirdischen Gang, der unter der Mulde bis nach Schnaditz führe. Der Burgherr berief seine Familie zu sich. Wenn er gehen würde, dann ließe der Feind von seinem Gefolge ab, so seine Hoffnung. Denn der Hass gelte schließlich ihm. Also packten sie alles Wertvolle ein und sprachen ein letztes Gebet. Selbst seinen treuesten Dienern erzählte der Ritter nichts von seinem Plan. Noch in der Nacht verschwanden sie heimlich durch die winzige Öffnung im Burgkeller.

Am nächsten Tag ergab sich die Burgbesatzung. Die Feinde drängten jubelnd durch das Burgtor, schlugen den erschöpften Männern die Helme vom Kopf und trieben sie wie Vieh zusammen. Die wenigen Getreuen des Burgherrn baten um Gnade und beugten ihre Häupter als Zeichen der Unterwerfung. Der Graf wollte sie ihnen gewähren, wenn sie ihm den Kopf ihres Herrn liefern würden. Doch sie wussten nicht, wo er war. Also schwiegen sie. Der Graf dachte, die Männer wollten ihren Herrn beschützen und wüssten, wo er sich verstecke. Er setzte ihnen eine Frist und drohte ihnen mit dem Tode. Doch auch als diese verstrichen war, schwiegen die Burgmannen weiter. Daraufhin ließ der Graf seine Gegner lebendig einmauern.

Die Stelle in der Burgmauer, die sich an jenem Tage für die Getreuen für immer schloss, blieb über Jahrhunderte blank und hell, als sei die Schandtat erst gestern begangen worden. Nie war Moos darüber gewachsen und so trauerte das Volk noch lange um die unschuldigen, aber treuen Seelen.

Der gefangene Vater

Konrad der Große, der Ahnherr des Hauses Wettin, wurde 1098 in der Grafschaft Wettin bei Halle an der Saale geboren. Stets kaisertreu, machte er sich um die Gunst von Kaiser Lothar verdient und erhielt 1127 dafür die Mark Meißen. Konrad trug viel zur Entwicklung Sachsens bei und machte morastige und menschenleere Gegenden wie jene um Wurzen und Leipzig urbar. Nun galt der tapfere Mann auch als liebender Familienvater. Ehe er 1156 seine Würden niederlegte, um als Mönch ins Kloster zu gehen, teilte er sein Land unter seinen fünf Söhnen auf. Otto, sein ältester Sohn, erhielt die Mark Meißen. Unter Ottos Regierung wurde das Erzgebirge gerodet und das Freiberger Silber entdeckt, was ihm schon bald den Namen „der Reiche" einbrachte. Die Schulden des Landes konnten getilgt und ein reicher Staatsschatz angehäuft werden. Doch so gesegnet sein Leben war, umso mehr Kummer bereitete ihm der Lebensabend. Dem Beispiel seines Vaters folgend, wollte er seinen Besitz unter seinen Söhnen aufteilen. Der ältere, Albrecht, sollte die Mark Meißen erhalten, der jüngere, Dietrich, Weißenfels und weitere Güter. Das gefiel jedoch seiner Gemahlin

Einst wurde Otto der Reiche in der Burg Düben gefangen gehalten – ausgerechnet von seinem Sohn Albrecht.

Hedwig ganz und gar nicht, deren Lieblingssohn Dietrich sie benachteiligt sah. Otto änderte auf ihr Verlangen das Testament. Doch diese Nachgiebigkeit gegenüber seiner Frau musste Otto büßen. Denn Albrecht glaubte, das nicht dulden zu müssen und begann einen Krieg gegen den alten Vater. 1188 nahm er ihn gar gefangen, setzte ihn auf der Burg Düben fest und ließ ihn streng bewachen. Als Kaiser Friedrich I. davon erfuhr, befahl er die sofortige Freilassung Ottos.

Die Fehde war jedoch nicht ausgestanden. Albrecht holte sich die Böhmen zur Unterstützung, die dem Land arg zusetzten. Das Volk war deshalb mehr aufseiten des alten Vaters, der am 18. Februar 1190 mitten in der Auseinandersetzung starb. Sagenumwobene Geschichten verbreiteten sich. Unter anderem, dass Otto der Reiche während seiner Haft auf der Burg Düben vor Gram verstorben sein soll. Er sei auch nicht im Kloster Zelle beigesetzt worden, sondern in aller Stille auf der Burg Düben. Generationen erzählten sich das noch.

Vom Geithainer Chorknaben

In Stein gehauen ist auf der Mittagsseite der Geithainer Kirche ein Knabe ange-bracht, dessen Antlitz von Sturm und Regen über die Jahrhunderte verblasst ist. Im Volk erzählt man noch heute die Sage vom bitterlichen Ende eines Kurrendeknaben.

Die Stadtkirche zu Geithain bezaubert nicht nur mit ihrer Doppelturmfassade, sondern auch mit wunderschönen Deckenmalereien im Inneren. Eine Sage (Ende 16. Jh.) erzählt vom Tod eines Chorknaben.

Am 10. August 1595 sollen vier Geithainer Jungs neugierig gewesen sein, was wohl in dem Neste sei, das am Balken an der Kirchturmglocke von „St. Nikolai" angelegt war. Die Vögel dort oben zwitscherten ohne Unterlass. Nach dem Abendgeläut stiegen die Burschen, die nicht älter als sechs oder sieben Jahre gewesen sein mögen, heimlich zur Viertelglocke hinauf. Sie erblickten ein Dohlennest, das unerreichbar am Balken über dem Abgrund hing. Es wurde nicht lang überlegt und ein langes Brett zum Fenster hinausgeschoben. Die Neugier vernebelte den Knaben die Angst. Drei hielten hinten das Brett ganz fest, indes stieg einer hinaus zum Nest und sagte: „Es sind drei schwarze und eine weiße Dohle drin!" Alle drei Zurückgebliebenen riefen sogleich: „Die weiße muss ich haben." Doch auch der Knabe auf dem Brett lächelte und meinte, sie gehöre ihm. Schließlich sei er hinausgestiegen. „Die weiße nehme ich mir. Die drei schwarzen Dohlen, die bekommt ihr." Jetzt drohten ihm die Burschen. Sie würden ihn fallen lassen. Doch es nützte nichts. Der Knabe draußen, der nun das Nest in seinen Händen hielt, beharrte auf sein Recht und ahnte nichts Böses. Da ließen die drei Freunde den Knaben einfach los. Er zerschmetterte am Boden und mit ihm die Dohlenbrut.

Die Mordtreppe zu Trebsen

Über der schwarz glänzenden Mulde wurde um das Jahr 1511 ein großes Fest gefeiert, das böse enden sollte. Damals kamen das wunderschöne Schloss und der Ort Trebsen in den Besitz der Herren von Minckwitz. Der Adel des ganzen Muldentals wurde zu diesem Anlass zu einem großen Bankett geladen. Die Köche tischten im großen Rittersaal die ausgefallensten, erlesensten Speisen auf. Duftende Braten standen neben köstlichen Suppen, riesigen Brotlaiben und Bergen von Früchten. Als die Musik der Spielleute ertönte, wurde gutes Bier und reichlich Wein ausgeschenkt. Die Gäste schmausten und tranken nach Herzenslust, scherzten und ließen es sich gutgehen. Je später der Abend, desto berauschter die Gäste. So mancher Ritter fühlte seine Kräfte wachsen. Auch zwei adlige Herren hörte man schon bald in einer Ecke des Saales streiten. Sie hatten beide ein und dieselbe schöne Dame für sich auserkoren und wollten dem anderen keinen Vortritt lassen.

Einer der Herren zog seinen Kontrahenten in ein kleines Nebengelass und stieß ihm plötzlich einen Dolch in den Rücken. Auf der Treppe, die aus diesem Raum führte, sank der Erdolchte nieder und starb. Der Mörder, der durch seine grausige Tat mit einem Schlag zu Sinnen kam, versuchte, Hals über Kopf zu fliehen. Dabei rutschte er im Blut des Ermordeten aus, stürzte die Treppe hinab und brach sich das Genick. Im Rittersaale feierte die Gesellschaft indes, ohne etwas vom grausigen Blutbad zu ahnen.

Am nächsten Morgen fand man die toten Körper auf der vom Blut gefärbten Treppe. Jahrhundertelang spukte der Geist des Mörders ruhelos in den alten Gemäuern des Schlosses und manch einer hört ihn noch heute in Vollmondnächten im Rittersaal jammern.

Die hohle Eiche im Deubitzgrund

In der schönen Dübener Heide zwischen Bad Schmiedeberg und Söllichau fließt ein kleines Gewässer, der Deubitzbach. Dort im Deubitzgrund stand einst ein dichter Eichenwald mit hohem Baumbestand. Einer dieser Bäume hieß schlicht „die hohle Eiche", um die sich eine merkwürdige Geschichte rankt.

Anfang Oktober 1813 irrten flüchtende Franzosen durch die Dübener Heide. Nicht weit entfernt hatte die Schlesische Armee über die Elbe gesetzt. Vereinzelt huschten französische Truppen durchs Dickicht und plünderten auf ihrem Weg in Richtung Mulde habgierig hier und da in den Heidedörfern. Viele Monate voller Kampf und Tod hatten bei den Flüchtenden ihre Spuren hinterlassen. Verroht und gefühlskalt benahmen sie sich, kannten weder Erbarmen noch Kameradschaft.

Eine Gruppe hatte einen schwer verletzten Korporal unter den alten Bäumen auf der Dorfstraße in Söllichau liegen gelassen. Ein Junge wollte ihm helfen, als plötzlich zwei Reiter aus dem Nichts auftauchten. Einer war gefesselt, der andere trug eine Waffe. Von Weitem beobachtete der Junge, wie der Reiter vom Pferd sprang und den Verwundeten mit mehreren Lanzenstichen tötete. Der Mörder nahm dem Sterbenden Uhr und Geldbörse, ja sogar die Uniformknöpfe ab. Dann kam er auf den zitternden Jungen zu und zwang ihn mit vorgehaltener Waffe, an der Dorfstraße ein Loch zu scharren und den Leichnam darin zu vergraben. Der Mörder und sein Gefangener ritten weiter. Doch lange dauerte es nicht, da jagte das Pferd des Gefesselten die Dorfstraße hinauf. Immer mehr Dorfbewohner kamen zusammen. Sie fanden den leblosen Körper blutüberströmt in der Nähe des Waldes. Während die Söllichauer den Mann in ihr Dorf bringen wollten, kam eine französische Chasseurabteilung hinzu. Erbost und aufgeregt über das, was die Dorfbewohner berichteten, jagten die Reiter dem Mörder hinterher. Von Weitem sahen sie jemanden am Wege sitzen und essen. Plötzlich sprang dieser auf sein Pferd und eine wilde Verfolgungsjagd begann. Doch auf dem Weg zwischen Söllichau und Korgau stürzte sein Pferd über eine große Wurzel. Als die Verfolger endlich zum verletzten Tier kamen, war von dessen Reiter keine Spur mehr und er blieb wie vom Erdboden verschluckt. Bei Anbruch der Dunkelheit zogen sie ab.

Auch Jahre später war der Vorfall noch in der Erinnerung der Söllichauer präsent. Es mögen zehn oder fünfzehn Jahre ins Land gegangen sein, da wollte man die alten

Einst stand im Deubitzgrund in der Dübener Heide ein dichter Eichenwald. Ein französischer Soldat soll sich hier vor seinen Verfolgern versteckt und nicht mit der Kraft der Natur gerechnet haben.

Eichen fällen und neue pflanzen. Auch die hohle Eiche fiel und als der Baumgreis auseinanderkrachte, wurde ein Ameisenhaufen frei. Aus diesem ragte ein menschliches Skelett heraus. Uniformknöpfe und Uhren fand man bei ihm. Man hatte den Mörder von damals gefunden. Er musste die Eiche erklettert und sich im Hohlraum des morschen Stammes versteckt haben. Doch er war immer tiefer und fester hineingerutscht und im Mull des alten Baumholzes erstickt.

Der Untergang des Dorfes Lausig

In der Dübener Heide, nicht weit von Bad Schmiedeberg entfernt, befand sich vor vielen Jahren ein reiches Dorf namens Lausig. Die Äcker standen dort im Frühjahr stets in voller Blüte und warfen viel ab. Die Wiesen waren satt grün und das Vieh war fett. Doch der Wohlstand hatte die Bauern hartherzig gemacht. Als nun eines Tages ein Wanderer ins Dorf kam und nach Wegzehrung fragte, winkte man auf dem ersten Gehöft, das sich am Dorfrand befand, ab. Sie hätten nichts für Fremde. Und auch auf dem zweiten und dritten Hof hörte der Wanderer nur lieblose Worte. Von Tor zu Tor ging er. Überall wiesen ihn die Bauern ab.

Als er am letzten Gehöft, schon müde und durstig, nach einem Schluck Wasser bat und ihm auch dieser verwehrt wurde, verfluchte der Fremde das reiche Dorf in seinem Zorn. Dunkle, schwere Wolken zogen sogleich auf. Regen stürzte, einer Sintflut gleich, vom Himmel und füllte schnell die Gassen und Gärten, die Höfe und Ställe. Das Unwetter tobte die ganze Nacht. Einige Bewohner hatten sich über einen Hügel retten können, doch eine Wassersäule erhob sich und holte sie ein. Sie riss die Menschen mit sich und ertränkte sie. Das jämmerliche Schreien der Tiere und die Hilferufe der Dörfler waren am frühen Morgen verstummt. Dort, wo einst das sündige Dorf stand, lagen nun zwei stille Seen. An der Stelle, an der sich die Wassersäule ergoss, entstand der Ausreißerteich. Noch heute erzählen sich die Menschen zwischen Korgau und Sachau die Sage über den Untergang ihres Nachbardorfes.

Die böse Fastnacht von Rochlitz

Die Gemäuer der altersgrauen Burg Rochlitz könnten so manche Geschichte erzählen. Eine Sage rankt sich um die turbulente Zeit des Schmalkaldischen Krieges, als Kaiser Karl V. gegen einige protestantische Landesfürsten und Städte, die sich zum Schmalkaldischen Bund zusammengefunden hatten, zu Felde zog. Bevor diese Auseinandersetzung in der Schlacht bei Mühlberg am 27. April 1547 ihr Ende fand und die kaiserlichen Truppen ihre Gegner bezwangen, hatten sich

In der Zeit, als die Herzoginwitwe Elisabeth von Hessen auf Schloss Rochlitz residierte, erlebten Stadt und Schloss eine kulturelle Hochzeit, aber auch einen sagenhaften Verrat und blutigen Überfall.

die Kontrahenten im März in ihre Winterlager zurückgezogen. Der Kurfürst hatte sich in die Nähe von Altenburg begeben. Markgraf Albrecht von Brandenburg, der Heerführer des Herzogs, jedoch war in Rochlitz geblieben. Seine Gastgeberin auf dem Schloss, die Witwe des 1537 verstorbenen Herzogs Johannes von Sachsen, bewirtete ihn und seine Truppen reichlich. Was er nicht wusste, war, dass sich Elisabeth öffentlich zu Luthers Lehren bekannt hatte und dem Kurfürsten zugetaner war als dem Herzog. Während sie am 1. März des Jahres die Fastnacht vorbereitete, war ein Bote mit einem Brief von ihr Richtung Altenburg unterwegs. Deren Inhalt war gar böse, denn die Herzogin lud den Kurfürsten zum Fest ein. Der verstand deren kriegerisches Ansinnen und machte sich mit seinen Truppen auf nach Rochlitz. Laut zechend und singend, betrunken und satt gegessen, feierten Albrechts Kriegsgesellen auf Schloss Rochlitz. Auch der Markgraf ahnte nichts Böses und legte sich weit nach Mitternacht in sein Gemach.

Als es im Schloss gegen 5 Uhr morgens langsam ruhig wurde und die Männer in den Ecken schnarchten, saßen nur noch die Offiziere am Tische im Gespräch. Plötzlich riss einer das Fenster auf und rief seinen Kameraden zu, dass jemand in der Nähe schieße. Bald rasselte die Alarmtrommel durch die Straßen. In der Vorstadt begann ein fürchterliches Gefecht, als kaiserliche und brandenburgische Geschwader durchs Tor drängten. Die nahenden kurfürstlichen Truppen zogen sich zurück. Erst als die Sachsen tapfer zurückschlugen, weckte man den Markgrafen. Er nahm all seine Mannen mit in den Kampf und ließ das Schloss ohne Besatzung zurück. Ein Fehler, denn Kurfürst Johann Friedrich gelang mithilfe von Rochlitzern in das Gebäude, wo die Herzogin schon auf ihn wartete. Die Kanonen des Schlosses richteten sich nun gegen die kaiserlichen Truppen, die nach und nach eingekesselt und bezwungen wurden. Die Reiterei des Kurfürsten jagte alles vor sich her, niederreitend und niederschlagend. Die Soldaten flüchteten vor der mörderischen Truppe. Schließlich wurde der Markgraf gefangen genommen, seine Begleitung war auf einen einzigen Ritter zusammengeschmolzen. Der Markgraf ahnte den Verrat der Herzogin Elisabeth und verwünschte sie und die „böse Fastnacht". In den blutigen fünf Stunden starben 400 Krieger auf kurfürstlicher Seite. Die kaiserliche Seite hatte 1.400 Tote zu beklagen. 300 davon waren in der Mulde auf der Flucht ertrunken. Man sagt, die Toten sind noch viele Jahrhunderte lang ruhelos umhergegeistert. Manchmal konnte man sie in der Fastnacht heulen hören.

Mord im Colditzer Wald

Einst plagten Baron Ludolf von Sternfels nachts auf seinem Schloss nahe Rochlitz böse Träume. Schweißgebadet wachte er immer wieder auf. Stundenlang lief er auf und ab, stand am offenen Fenster und starrte in die Nacht, als quäle ihn eine geheime Schuld. Seine junge Gemahlin Richarda machte sich Sorgen, denn der Schatten über ihrem Geliebten verdunkelte sich mehr und mehr. Als der Baron nun einmal wieder zur Jagd in den Colditzer Wald ausritt, auf der ihn Richarda begleitete, sollte sich diese Vorahnung auf grausige Weise erfüllen. Aus dem Hinterhalt traf ihn ein tödlicher Schuss. Der Mörder entkam unerkannt.

An der Stelle, wo der Baron in den Armen seiner Gemahlin starb, ließ sie ein Kreuz zum Gedenken und zur ewigen Mahnung errichten. Richarda lebte fortan allein mit ihren Erinnerungen auf dem Schloss hoch über der Mulde. So vergingen Wochen und Monate. Zwei Jahre nach dem schrecklichen Mord tauchte überraschend der schon sehr lange vermisste Bruder des Grafen auf. Kurt war aus der Fremde zurückgekehrt und schien tief bewegt vom Tod des Barons. Er und die Witwe verbrachten in den darauffolgenden Wochen viele Stunden im Gespräch und kamen sich näher. Kurt nahm sie zur Frau.

Die Jahre vergingen. Das Paar war scheinbar glücklich. Bis eines Tages wieder eine Treibjagd im Colditzer Wald stattfand. Die Gesellschaft war schon eine gute Stunde unterwegs, als sie am Gedenkkreuz vorbeikam. Und es geschah, dass sich

Das Schloss Colditz wacht seit dem 16. Jahrhundert über Stadt und Colditzer Wald und blickt auf eine wechselvolle Geschichte zurück. Eine Sage rankt sich um die Liebe zweier Brüder zu ein und derselben Frau.

Baron Kurt auf einen Streit einließ, in welchem er Gott herausforderte. Richarda, aber auch der Pfarrer baten ihn zur Ruhe, mahnten ihn zur Vorsicht. Aber Kurt ließ sich nicht belehren. Plötzlich bäumte sich sein Pferd auf und warf den Reiter ab. Kurt knallte auf den Boden und verletzte sich tödlich. Bevor er jedoch den letzten Atem aushauchte, gestand er seiner Richarda den schrecklichen Mord an seinen Bruder Ludolf. Auch Kurt starb in ihren Armen. Sie verzieh ihm, nachdem er ihr das Motiv mit letzter Kraft ins Ohr geflüstert hatte: Ludolf hatte für seinen Bruder um ihre Hand anhalten sollen. Dieser hatte ihn jedoch getäuscht und selbst die schöne Richarda geheiratet. Dieser Verrat des Bruders hatte Kurt in die Fremde getrieben. Er hatte seine Liebe und Ludolf vergessen wollen. Doch das war ihm nie gelungen. Schließlich hatte ihn Hass zurückgetrieben in die Heimat, um seinen Bruder im Wald zu Colditz zu ermorden.

Auch ihm ließ die Trauernde ein Kreuz an jener Stelle errichten. Wanderer scheuten sehr lange diesen Ort, denn er war ihnen nicht geheuer.

Von Wassergeistern & Nixen

Das Nixenkind zu Belgern

Im kleinen Städtchen Belgern an der Elbe verliebte sich vor Hunderten von Jahren ein Mädchen in einen Nix. Tragisch sollte diese Geschichte enden. In Stein gehauen, zeugt ein Bild an der Bartholomäuskirche noch immer davon. Jeden Tag war das Mädchen hinunter zum Ufer des Flusses gestiegen, hatte sich auf einen Stein gesetzt und die Strömung beobachtet. Jeden Tag war der Nix in Menschengewand aus der Elbe gestiegen und hatte sich neben die Schönheit gesetzt. Sie wurden ein Paar. Bald war die junge Frau schwanger und gebar ein Kind, das sie gerne zur Taufe bringen wollte. Doch der Nix, der vom Glauben der Menschen nichts wissen wollte, verbot es ihr. Die junge Frau konnte das nicht akzeptieren und ging heimlich an einem Sonntag mit dem Knaben in die Kirche. Der Nix erfuhr davon. Er schäumte vor Wut und eilte zur Kirche. Dort riss er seiner Geliebten den Jungen vom Arm, rannte zur Kirchtür hinaus und schleuderte ihn wütend gegen die Wand. Dort wurde das Kind zu Stein. Der Nix verschwand für immer, und die junge Frau wurde ihres Lebens nicht mehr froh.

Die Nixkluft bei Waldheim

Vor vielen Sommern ließen sich am Ufer der Zschopau bei Waldheim immer wieder drei wunderschöne Nixen blicken. In einem Felsen, so sagt man, habe der alte Nixenfürst eine Behausung. Vom Wasser aus gelange man an jener Stelle in die Höhle. Seine Töchter liebten es damals, sich unter das Menschenvolk zu mischen. Zu Neumond gingen sie gerne zum Tanz in die Schenke im Dorf Diedenhain. Feengleich in weißen Kleidern huschten sie durchs hohe Gras, als Gürtel trugen sie ein Band aus grünem Schilfrohr und um den Hals eine Perlenkette. Das lange Haar war schnell im Wind getrocknet. So wunderschön wie die Nixen waren auch die Wasserrosen, die sie an ihre Busen steckten. Ausgelassen tanzten die Schönen die ganze Nacht. Drehten sich, lachten und flirteten mit den jungen Menschenburschen. Wenn das Wasserröslein jedoch zu welken begann, dann eilten sie davon. Denn dann brach der Morgen für sie an. Der Weg war weit zum Fluss. Manchmal ließen sie sich von den Burschen begleiten, aber nur bis zur Waldlichtung nahe der Zschopau. Darauf bestanden sie. Sie verabschiedeten sich und verschwanden. Das taten sie lange Jahre und ihre Jugend und Schönheit schienen unvergänglich zu blühen.

Eines Tages aber, so erzählt man sich, hätten drei junge Dorfburschen beschlossen, die Nixen über die gewöhnliche Zeit hinaus aufzuhalten. Also tanzten sie mit ihnen, umgarnten und liebkosten sie, sodass sie das Welken der Rosen erst bemerkten, als die ersten Vöglein zwitscherten und zarte Wolken den Himmel schmückten. Sie befreiten sich hastig aus den Armen der Liebhaber, eilten durchs hohe Gras und durch den dichten Wald zum rettenden Ufer. Aber kurz bevor ihre Füße von Wellen umspült wurden, traf sie der erste Sonnenstrahl. Ihre Körper zerflossen in drei Silberbächlein, die durch die Wiesen zum Fluss rannen. Inmitten dieser Bächlein zog sich wie ein roter Faden ihr Lebensblut.

Seither hat keine Menschenseele die schönen Nixen wiedergesehen. Allein ihr Vater, der Nixenfürst, so schließt die Legende, fordert jedes Jahr ein Menschenleben als Opfer.

Entlang der Mulde werden verschiedene Sagen über Nixen erzählt. Bei Döben und Grimma soll der Nixenfürst jedes Jahr einen Menschen zu sich in die Tiefe ziehen.

Der Nix bei Grimma und am Schloss Döben

Als an der Mulde noch viele Mühlen klapperten und die Bauern morgens für das Vieh Grünfutter von den saftigen Wiesen holten, wussten die Dorfbewohner in der Nähe der Stadt Grimma noch viele Geschichten über den Fluss zu erzählen. Wenn man die von der Stadt zum Kloster Nimbschen führende Straße entlanggeht, sieht man jenseits des Flusses einen großen hervorspringenden Felsen. Heute wie gestern wird er Trompeterfelsen genannt. Einst wusste sich ein von einem Drachen verfolgter Trompeter nur noch zu helfen, indem er mit seinem Ross von hoch oben in die tosende Mulde sprang und sich dadurch rettete. An dieser Stelle ist der Fluss sehr tief. Angeblich hielt sich der Muldennix mit seinen Töchtern im Sommer unter diesem Felsen auf. Diese spielten ihren Schabernack. Sie sangen und lockten Schwimmer ins Reich des Nix. Wer den Reizen der schönen Blondinen nicht standhielt, war für immer verloren. Denn jedes Jahr, so erzählten es die Fischer, fordere der Nix ein Menschenleben als Opfer. Seinen Palast habe Grimmas Nix allerdings unterhalb des Schlosses Döben auf dem Grund der Mulde.

Der Nixenstein bei Waldenburg

Einst, als die viel gewundene Mulde noch stärker den Alltag der Menschen in Waldenburg bestimmte, erzählten die Alten von geheimnisvollen Wesen in den Tiefen des schwarz glänzenden Flusses. Denn immer wenn die Sommersonne der Landschaft Risse wie Narben in den Acker zeichnete und die Mulde fast kein Wasser mehr führte, dann zeigte sich in Waldenburg am Niederwinkel, von der Brücke flussabwärts gelegen, ein großer Felskegel, den man von jeher den Nixenstein nannte. Unter diesem Stein, so hieß es, wohnte eine Nixenfamilie. Diese habe sich hin und wieder sehen lassen und unters Volk gemischt. Die Nixen gingen auf den Wochenmarkt, aber immer nur einzeln. Sie seien klein gewesen, fast noch in Kindsgestalt. Die Mädchen und Frauen hätten verzierte Kopftücher, die Burschen blaue Schürzen getragen. Die Einwohner von Waldenburg wollten sie am nassen Saum an ihrem Kleide oder ihren Schürzen erkannt haben. Ihr Lachen schallte so ausgelassen, wie es nur Kinder vermögen. Wenn die Nixen zum Volksfest kamen, hüpften sie fröhlich zur Musik der Kapellen. Und schlug es Mitternacht, so huschten sie davon. Doch ihnen zu folgen, lohnte sich nicht. So flink wie sie waren, verschwanden sie geschwind zum Fluss. Und an der Stelle, an der der Nixenstein einen Schatten ins Wasser zeichnete, verrieten Wellenkreise das eilige Untertauchen der scheuen Geschöpfe.

Der Wassermann vom Benkenteich

In einer Zeit, als das Dörflein Benken, von Torgau aus linker Hand auf dem Weg nach Staupitz, längst von der Landkarte verschwunden war, sammelte ein fleißiger, aber armer Mann aus Klitzschen in der Gegend des Benkenteiches Feuerholz. Als er nun auf die Lichtung zukam, um dort die Stämme zu zerhacken, begegnete ihm ein schöner Reiter auf großem Pferd mit einer langen Spießrute in der Hand. Dieser grüßte freundlich und fragte den Holzhacker, ob er den Benkenteich kenne. Als der Mann dies bejahte, versprach der Reiter ihm ein Trinkgeld, wenn er mit ihm ginge und ihm den Ort zeige. Als sie nach wenigen Schritten zum Benkenteich gelangten, sprang der Reiter vom Pferde und sagte: „Ich bin ein Wassermann, mir ist mein Weib von einem anderen Wassermann entführt worden. Ich habe es

Über den Benkenteich am Lutherweg bei Torgau erzählten sich die Menschen eine Geschichte über den Tod eines Wassermannes, der hier einst lebte. Heute ziehen große Graskarpfen und Schwäne im und auf dem Teich ihre Runden.

überall gesucht, war in allen Gewässern und Seen dieser Welt. Aber nirgends habe ich es gefunden. In diesem Teiche, so weiß ich nun, soll es versteckt sein. Halte mir das Pferd, damit es mir nicht nachspringt. Ich will mir mein Weib nun holen", sagte er und erhob seine Rute. Damit schlug er auf das Wasser, das es sich teilte, und ging hinein. Schon bald danach erhob sich ein jämmerliches Geschrei und Wehklagen. Dem Holzhacker wurde angst und bange, auch weil das Pferd wild wurde und immer ins Wasser springen wollte. Mittlerweile färbte sich das Wasser rot und das Geschrei verstummte. Der Wassermann tauchte mit seinem Weib aus den Fluten empor und sagte zum Holzhacker, dass er sich an seinem Feinde gerächt und den Räuber seines Weibes getötet habe. Er gab dem verwunderten Mann aus Klitzschen noch einen Beutel, schwang sich auf sein Ross und zerrte sein Weib hoch. Dann ritt er fort.

Als der Holzhacker den Beutel öffnete, fand er einen Kreuzer als Trinkgeld darinnen. Er erinnerte sich an die leisen Worte des Reiters: „So oft du in den Beutel greifst, wirst du immer etwas finden." Und so war es auch. Oft und gerne griff der Mann hinein und fand immer einen Kreuzer. Endlich mussten seine Frau und die Kinder nicht mehr hungern. Ihm erging es gut. Da er sich jedoch seines Beutels ganz öffentlich bediente, schnappte sich Jahre später ein Dieb den Beutel. Doch als dieser ein zweites Mal hineingriff, war der Beutel leer und der Zauber verflogen.

Die Nymphe von Eilenburg

Versteckt im dichten Wald, der die Gegend um Eilenburg einst bedeckte, wohnte eine Nymphe an einer entlegenen Quelle. Nie hatte ein Mensch das Wesen entdeckt oder gestört. Es war gerade um die Zeit der Weizenernte, als ein Mädchen aus Eilenburg daherkam, um für die Mutter kräftigende Kräuter in den Wäldern zu suchen. Lange war es hin und her geirrt, ohne etwas zu finden. Schließlich setzte es sich müde an einer Quelle auf einen Stein. Wie aber erschrak das Mädchen, als ihm plötzlich eine fremde Frau gegenüberstand. Sie sprach es freundlich an: „Fürchte dich nicht, liebes Menschenkind. Ich tue dir nichts zuleide! Aber sage mir, was treibt dich ganz alleine in die Tiefe des Waldes?" Das Mädchen erzählte sogleich, dass seine Mutter schon lange krank und gebrechlich sei und die Familie kaum das Nötigste habe, um den Hunger zu stillen. Da reichte die Nymphe dem Mädchen ein paar Kräuter vom Quellrand und sagte: „Diese Kräuter drücke aus und gib der Mutter den Saft zu trinken. Dann wird sie schnell gesunden. Nimm auch dieses Fläschchen mit Quellwasser mit. Es wird immer fließen. Wenn du dich mit dem Wasser wäschst, bleibst du jung und schön. Du wirst begehrt von Großen und Reichen." Dankbar nahm das Mädchen die Geschenke mit nach Hause.

An einer entlegenen Quelle im Wald bei Eilenburg lebte einst eine Nymphe.

Die Mutter war tatsächlich schnell bei Kräften, nachdem sie die Kräuterarznei genommen hatte, und sorgte sich wieder um Hof und Kinder. Auch das köstliche Quellwasser zeigte seine Wirkung. Wie schön weiß doch die Wäsche wurde, die das Mädchen damit wusch. Ein jeder in der Gegend kam und wollte seine Wäsche mit dem Zauberwasser waschen. So hatte alle Not ein Ende, Armut und Elend verschwanden aus der kleinen Hütte. Die Eilenburger fanden später die Quelle und ließen das reine Wasser durch Röhren in ihre Stadt leiten, woran sich noch heute Mensch und Tier erfrischen.

Von Klostermauern & Kirchtürmen

Der reumütige Ritter zu Schweta

Als der letzte Stauferspross Friedrich der Gebissene die Geschicke der Mark Meißen in der Hand hielt, so erzählt man sich noch heute, soll ein gewisser Ritter Melchior von Saalhausen, auch „Hahn" genannt, auf dem Rittergut Schweta bei Mügeln geherrscht haben. Sein Leben lang hatte er viel Menschenblut vergossen. Als er aber im Jahre 1304 starb, war er voller Reue und Schuldbewusstsein. Er war ein Mann aus adligem Geschlecht, der von klein auf mit Leib und Seele Kriegsmann gewesen war. Wegen seiner Streitlust war er aber, auch als er sich zur Ruhe setzte, mehr gefürchtet als beliebt. Viele seiner Untertanen büßten gar ihr Leben bei seinen Wutausbrüchen ein.

So hatte er zwei Böttcher beauftragt, im Keller zu Schweta an Wein- und Bierfässern zu arbeiten. Als er nicht zufrieden war und die beiden nicht auf seine Anweisungen hörten, es gar besser wussten, schlug er sie wie Hunde nieder und erwürgte sie im Keller. Als ihn nun Knechte des Landvogtes wegen des Mordes an den zwei Handwerkern verhaften sollten, versteckte ihn ein gutmütiger Bauer unter einer Fuhre Mist, weil zur Flucht die Zeit fehlte, denn da würden die Häscher nicht suchen. Der Bauer erklärte, er würde unterdessen wieder auf den Hof fahren und wolle ihm heraushelfen, sobald die Gefahr vorüber sei. Weil die Knechte aber intensiv suchten, Stunde um Stunde verging, fasste der Ritter die lange Zeit in seinem stinkenden Versteck als Demütigung auf. Der Bauer lasse ihn sicher absichtlich im Drecke, dachte sich der Edelmann.

Als der Bauer endlich zurückkam, weil die Luft rein war, hoffte dieser, großes Lob und Dank verdient zu haben. Stattdessen erschlug Saalhausen den armen Mann. Melchior erfuhr später aber, wie gefährlich die Sache für ihn gestanden und er dem ermordeten Bauern seine Freiheit verdankt hatte. Das erfüllte den Ritter mit tiefer Reue und er beschloss, sein Leben zu ändern.

Er flüchtete außer Landes und lebte fortan in Einsamkeit. Sein Vermögen vermachte er den Armen. Für seinen Tod verfügte er, dass er zwar zu Schweta, aber nicht in der Kirche begraben werden soll. Er erachtete sich als unwürdig für eine heilige Stätte. Er solle unter deren Eingang bestattet werden. Jeder Gläubige sollte

Man erzählt sich, dass einst ein reumütiger Ritter nicht auf dem Friedhof, sondern unter der Türschwelle des Vorgängerbaus der Schwetaer Kirche begraben werden wollte.

beim Besuch der Kirche sinnbildlich auf ihn treten. Als Zeichen der Strafe für seine Untaten sollte über der Tür ein Rad angebracht werden. Denn Rädern war im Mittelalter eine gängige Strafe für schwere Verbrechen. Vom Ritter Melchior bleibt nur die Legende, denn der Grabstein mit seiner Geschichte und das Rad sollen mit dem Neubau der Andreaskirche im Jahre 1751 verschwunden sein.

Der Mönchskelch von Grimma

Martin Luthers neues Verständnis von Gottes Gerechtigkeit veränderte die Kirche. Viele Klöster lagen wüst, andere wurden umgestaltet. Man erzählt sich, dass zwischen dem Augustinerkloster zu Grimma und dem durch die Flucht der Katharina von Bora, die später Luthers Gemahlin wurde, berühmt gewordenen Nonnenkloster zu Nimbschen einst ein unterirdischer Gang unter der Mulde hindurch bestand. Ein alter Keller im Klostergarten zu Nimbschen wurde noch im 18. Jahrhundert den Besuchern als ein Ende des Geheimgangs gezeigt. Im Augustinerkloster war der Eingang im Kreuzgang. Einige Jahre nach der Umgestaltung des alten Klosters in die Fürsten- und Landesschule, so erzählt eine Sage, habe man aus dem damals noch bekannten Gang

Um die Klosterruinen von Nimbschen ranken sich viele Geschichten. Unter anderem soll zwischen diesem Stift und dem Augustinerkloster zu Grimma vor vielen Jahrhunderten ein unterirdischer Gang unter der Mulde hindurch bestanden haben.

in der Nacht Stimmen und Gesang vernommen. Rektor Adam Siber wollte Klarheit. Deshalb versammelte er die stärksten und ansehnlichsten Primaner um sich, damals bärtige Männer zwischen 25 und 30 Jahren, gab ihnen scharf geschliffene Schwerter und Fackeln und stieg mit ihnen hinab. Wie jene Schächte so waren, wand sich auch dieser in Krümmungen durchs Gestein. Als man wieder um eine solche Ecke kam und die Fackeln in der stickigen Luft nur noch schwach flackerten, trat ihnen ein eisgrauer, schwarz gekleideter Mönch entgegen und fragte sie, was sie hier machten. Der Rektor erklärte, dass sie den Gang untersuchen wollten, der ihnen nicht geheuer sei. Sie sollten lieber umkehren, warnte der Mönch und verschwand. Noch einmal zeigte er und wiederholte sich. Doch die neugierigen Forscher ließen sich nicht abhalten. Der Gang erweiterte sich plötzlich zu einer Art Halle, in deren Mitte sich eine festliche Tafel befand, auf der große Wachskerzen standen und ihr Licht auf schwarz verhüllte Gestalten mit Totengesichtern warfen. Eine von ihnen, vielleicht ein alter Prior, erhob sich und sprach: „Kehret augenblicklich um und lasst die Toten ruhen. Sonst seid ihr alle selbst des Todes. Zum Andenken aber an das, was ihr gesehen habt, nehmt hier diesen silbernen Becher und versprecht, uns künftig in Ruhe zu lassen." Nach diesen Worten verschwand die Geistergesellschaft. Die Fackeln verlöschten. Und mit einem Poltern und Krachen brachen die Wände des Ganges zusammen. Vom Schrecken getrieben, stürzten die Eindringlinge zurück dem Eingang zu.

Als man nach vielen Jahren den Gang erneut betreten wollte, war dieser verschüttet. Jener silberne Kelch von den ehemaligen Herren des Klosters, der vergoldet und mit schön gearbeiteten Figuren und der Jahreszahl 1519 verziert war, wurde noch lange beim Abendmahl in der Klosterkirche verwendet. Wegen seiner sagenhaften Herkunft nannte man ihn nur den Mönchskelch.

Der geheime Gang der Nonnen

Im Heide- und Burgenland gab es einst viele kleinere und manch große, bedeutende Klöster. Sie besaßen große Ländereien, sogar ganze Dörfer. Die Herren von Ileburg, die die Herrschaft über Eilenburg ausübten, stifteten im 13. Jahrhundert für ihr eigenes Seelenheil ein Zisterziensernonnenkloster im kleinen Städtchen Mühlberg an der Elbe, das heute im Süden Brandenburgs liegt. Dieses blühte so sehr auf, dass es links und rechts der Elbe große Ländereien besaß. Das Kloster Marienstern war einer der größten Grundbesitzer der Region. Auch viele Dörfer der Heideregion gehörten dazu. Einnahmen flossen unter anderem auch aus Klingenhain, Seydewitz, Liebersee, Staritz, Mahitzschen, Olganitz und Bockwitz. Um in das letztgenannte Dorf zu gelangen, mussten die Nonnen, die bis zur Reformation in Mühlberg lebten, durch einen dichten Wald gehen. Ein Teil davon nahe Neußen wird noch heute

*Auch das Dörflein Klingenhain bei Cavertitz gehörte bis Anfang des 16. Jahrhunderts
zu den Ländereien des Klosters Marienstern in Mühlberg an der Elbe. Die Drei-
Bogen-Brücke entstand jedoch, so vermutet man, viel später, im Jahr 1845.*

Nonnenholz genannt. Die Legende dazu ging vermutlich verloren. Bis heute hält sich
jedoch ein anderes Gerücht: Ein geheimer Tunnel soll unter der Elbe vom Kloster bis
diesseits nach Dröschkau führen. Den Klosterinsassen hätte dieser Gang bei Gefahr
die Rettung ermöglicht. Darin habe sich allerdings so viel dicke Luft angesammelt,
dass man ihn ohne Lebensgefahr nicht betreten konnte. Der Ein- oder Ausgang
wurde jedoch nie gefunden.

Der Gottesleugner von Nossen

Als der Teufel noch in Menschengestalt mancherorts gesehen wurde und Engel
ihren Schützlingen in schlimmer Stunde erschienen, da war der Glaube Regel
und Lebensinhalt. Ende des 16. Jahrhunderts lebte ein alter Zimmermann und
Steinbrecher namens Walter Koch in Nossen. Mehrfach hatte sich der Mann bereits
abfällig über den christlichen Glauben geäußert, war in 32 Jahren nicht zur Beichte
gegangen und hatte das heilige Abendmahl verachtet. Jede Mahnung zur Vorsicht
hatte er überhört.

Als er nun am 21. Juni 1592 in der Mittagszeit beim Abbruch einer alten Mauer im
Kloster Zelle war, stürzten einige schwere Steine herab und erschlugen ihn. Andere
Bauarbeiter wollten den Mann in einem alten, großen Backtrog zu seiner Hütte

tragen, doch das Behältnis zersprang. Der Leichnam fiel zu Boden. Ein schrecklicher Wind entfachte, sodass die Helfer kaum Luft bekamen. Als dann die Glocken zu seiner Bestattung läuten sollten, zersprang der Klöppel der großen Glocke. Kein Geläut ertönte. All diese Zeichen ließen die Bewohner von Nossen aufschrecken. Es war Gottes Strafe. Walter Koch war wohl keines christlichen Begräbnisses würdig.

Der alte Mönch im Klostergarten

In alten Gemäuern hausen oft unheimliche Gesellen, auf Burgen meist Ritter und Ritterfräulein, in den Klöstern häufig gespenstige Mönche, die sich zu Mitternachtsstunden herumtreiben und den nächtlichen Spaziergänger zu Tode erschrecken. Im Klostergarten Altzella bei Nossen ist das anders. Dort, so erzählt man sich, könne man noch heute zur Mittagsstunde einen alten Zisterziensermönch mit einem langen, weißen Bart beobachten. Er promeniere gedankenversunken durch die Anlage oder sitzt in den Abteiruinen, das Haupt sinnend auf die Hand gestützt. Doch kommt man ihm zu nahe, so verschwindet er in einer weißen Rauchwolke.

Im Klostergarten Altzella spukt es noch immer. Hier könne man einen alten Zisterziensermönch mit weißem Bart wandeln sehen.

Die Kirche in Ochsensaal

Im kleinen Dorf Ochsensaal bei Dahlen steht seit dem 12. Jahrhundert eine kleine romanische Kirche. Gottesfürchtig und fleißig waren die Bewohner immer. Sie arbeiteten im Forst und auf dem Gutshof. Doch so abgeschieden der Ort in den großen Waldungen auch war, auch hier musste man nicht selten Plünderungen in Kriegszeiten ertragen. So erzählt eine Sage von Söldnern, die ihre Pferde in der Kirche festmachten. Anschließend gingen sie in die Hütten und Scheunen, um alles auf den Kopf zu stellen. Damit das nicht noch einmal passierte, verengten die Einwohner des Dorfes die Pforte so sehr, dass nur noch Menschen durch die Kirchentüre passten. Erst Mitte des 20. Jahrhunderts, als von Plünderungen durch berittene Söldner keine Gefahr mehr ausging, wurde der Eingang wieder auf Normalmaß erweitert.

Die Glockentiefe am Schlossberg

Auf dem Schlossberg zu Taucha stand im Mittelalter ein Gotteshaus, wie es dergleichen viele in Schlössern gab. Die bronzene Kirchenglocke der Sankt-Johannes-Kapelle verkündete mit ihrem schönen Klang dem Schlossherrn und seinem Gesinde, den Bewohnern der Stadt und der umliegenden Dörfer, welche Stunde geschlagen hat. Als Ende des 13. Jahrhunderts wieder kriegerische Zeiten anbrachen und Taucha in die Auseinandersetzung zwischen Markgraf Dietrich von Landsberg, genannt der Weise, und dem Erzbischof Bernhard von Magdeburg geriet, drohte der Kirche und dem Schloss das Schicksal vieler umliegenden Orte – die Plünderung und Zerstörung. Der Erzbischof hatte zwar Truppen zur Verteidigung der Stadt gesandt, doch blieben sie machtlos gegen ihre Gegner. Der Schlosskaplan erkannte die Gefahr und handelte. Mauritius, er trug den Namen des Magdeburger und Tauchaer Schutzheiligen, läutete ein letztes Mal seine geliebte Glocke. Denn nun sollte sie für immer verstummen. Doch ahnte der Kaplan das nicht. Er rief zwei Knechte, die ihm helfen sollten, die Glocke in Sicherheit zu bringen. Mühselig und unerkannt brachten sie sie zur hinteren Schlosspforte und rollten sie den steilen Abhang hinunter zur Parthe, die einst noch direkt am Fuße des Schlossberges dahinfloss. Dort versenkten sie die Glocke an einer tiefen Stelle. In Friedenszeiten, so dachte es sich Mauritius, könnte er sie bergen und wieder erklingen lassen.

Doch dazu kam es leider nicht. Denn in einem hatte Mauritius recht behalten: Das Schloss wurde geplündert und zerstört. Auch der Kaplan kam dabei ums Leben. Die Knechte erzählten zwar vom Versenken der Glocke, doch in kriegerischen Zeiten gerieten so manche Ereignisse in Vergessenheit und gingen in der Sagenwelt auf.

Ab und an wurde die Geschichte von der Glockentiefe erzählt, wie die Wiese zwischen Parthe und Sparkasse auch heute noch genannt wird. Die Glocke jedoch blieb verschwunden. Manch alter Tauchaer behauptete, dass sie der Parthe-Nix geborgen und in sein unterirdisches Schloss mitgenommen hätte. Manchmal läute er sie auch und ihr feiner Klang sei leise am nahen Ufer zu hören.

Die Colditzer Glocken

Des Türmers Aufgabe war es zuweilen, die Stunden an der großen Glocke anzuschlagen. Auch in Colditz war dies bis ins späte 19. Jahrhundert der Fall. In der Chronik der Stadt steht allerdings, dass der hiesige Türmer 3 Uhr nachmittags ganze zwölf Mal die Glocke schlug. Das soll aus der dunklen Zeit des Mittelalters herrühren, als 1581 die Pest in Colditz wütete. Jeden Nachmittag um 3 Uhr zog der Leichenzug zum allgemeinen Begräbnis. Dafür ertönten zwölf Glockenschläge. Das zwölfmalige Anschlagen habe sich beibehalten aus jener Zeit.

Eine weitere Sage weiß von einem anderen Ursprung dieser Gepflogenheit zu berichten. Im Dreißigjährigen Kriege soll ein schwedischer Heerführer die Zerstörung von Colditz befohlen haben. Er gab den Einwohnern bis 3 Uhr Zeit, ihre bewegliche Habe zu retten, bevor er die Stadt anzünden lasse. Da nun aber befreundete Truppen zu weit entfernt waren, um bis 3 Uhr die Feinde zu vertreiben, kamen die Colditzer auf eine List. Sie wollten den Heerführer mit der Zeit täuschen und schlugen zum Fristende die Mittagsstunde an. Inzwischen waren die befreundeten Truppen angerückt und konnten die Schweden vertreiben. Colditz war gerettet. Seither gedachte man dieser Rettung mit dem Glockenläuten. Dies hätte auch weiterhin der Fall sein können, doch 1870 wurde das zwölfmalige Anschlagen abgeschafft, weil häufig Fremde vom Brauch verwirrt waren.

Der Mönch auf dem Kreuze in Waldheim

In grauer Zeit vor Waldheims Entstehung befand sich auf der Stelle, wo später ein Augustinerkloster und ab 1716 die Strafanstalt stand, das uralte Kloster Baldersbalda, welches so zeitig wieder einging, dass schon im 11. Jahrhundert kaum noch Spuren davon zu finden waren. Von diesem Kloster aber blieb eine Sage erhalten.

Ein Mönch, der ein verruchter Bösewicht war, soll in den letzten Tagen des Klosters dort gelebt haben. Seine eigene Schwester zwang er zu sündiger Blutschande. Als sie ein Kind gebar und ihm dasselbe mit lautem Jammer und verzweifelten Vorwürfen brachte, tröstete er sie, als rühre ihn ihr Schicksal. Er versprach, sie an

So dunkel wie der Wald waren einst die Absichten eines Mönchs, als er seine Schwester und deren Kind an einen stillen Ort bei Waldheim brachte und seinen Dolch zückte.

einen stillen Ort zu bringen, wo sie ohne Schmach mit dem Kinde leben könnte. Der Mönch führte jedoch die arglos Folgende in den Wald, nicht weit entfernt vom Kloster, wo einst das Kreuz in der Oberstadt war. Hier zückte er hastig seinen Dolch und stach ihn in das schuldlose Herzchen des Kindes. Als ihm die unglückliche Mutter voll Entsetzen und Verzweiflung das sterbende Kind entreißen wollte, da stieß er auch ihr den Dolch in die Brust. Zu Tode getroffen, sank sie nieder, aber ihre letzten Worte verfluchten den Mörder. Er solle nicht eher im Grabe Ruhe finden, bis ein Toter über den Mordplatz getragen würde, der im Leben noch größere Gräuel als er verübt hätte. Mit seinem Tode erfüllte sich die Prophezeiung. Der Fluch lastete auf dem heillosen Mönch.

Jahrhunderte vergingen, noch immer ging er rastlos an diesem Orte umher. Um Mitternacht sah man oft seinen Schatten weinend und seufzend, einen blutigen Dolch in der Knochenhand, auf dem Kreuze stehen. Jedermann mied bei nächtlicher Weile den verrufenen Platz. Da starb einmal in Waldheim ein Bösewicht, ein Abschaum der Menschheit, der Hölle pflichtig durch jedes Verbrechen. Sein Name war verflucht, niemand wollte ihn nennen und schon bald war er vergessen. Am Abend seines Begräbnisses wanderten aber zwei Schatten schweigend vom Kreuze zum Friedhof. Seitdem hat niemand wieder den Mönch gesehen.

Der brennende Mönch bei Rochsburg

In der Nähe der Amtmannskluft bei Lunzenau regierte einst der unbeirrbare Glaube an Gott und das Zölibat, denn hier befand sich früher ein Barfüßerkloster. Nicht jeder Mönch widerstand jedoch den irdischen Lüsten. So geschah es einmal, dass sich ein Mönch unsterblich in eine Bauernmagd verliebte. Er hatte sie nicht nur des Öfteren in der Kirche gesehen, auch bei seinen Spaziergängen konnte er sie auf dem Felde beobachten. Irgendwann traf er sie ganz allein arbeitend auf dem Acker an. Da überkam es ihn und er gestand ihr seine Liebe. Die Dorfschöne war jedoch irritiert vom Geständnis des Geistlichen und nahm Abstand. Doch der Mönch kam näher und bedrängte sie. Da griff die Magd zur Hacke und setzte dem Verehrer einen Hieb auf den Kopf. Er ging zu Boden und hauchte seinen letzten Atem aus. Das Mädchen war untröstlich. „Was habe ich getan", dachte es und klopfte noch am selben Tag an die Tür des Klosters. Als sie dem Abt das Vorgefallene erzählte, erhielt die Bauernmagd allerdings nicht die von ihr erwartete harte Strafe. Das Mädchen nahm

Die märchenhafte Rochsburg auf einem Felssporn über der Zwickauer Mulde in der Nähe von Lunzenau ist eine der schönsten Kulissen der Region. Der Bergfried ist der älteste Teil der Burg und stammt aus dem 12. Jahrhundert. In dieser Zeit spielt vermutlich auch die Sage vom brennenden Mönch.

ein ansehnliches Geldgeschenk an, damit sie keiner Menschenseele vom Vorfall berichtete. Die geistliche Bruderschaft war froh, dass sie ihren sündigen Mitbruder in aller Stille vom Feld holen und ihn weitab beerdigen konnten, da die Magd ihr Schweigen versprach.

Der Bettelmönch aber fand nie Ruhe. Nachtreisende haben so manches Male an jener Stelle an der Amtmannskluft eine feurige Gestalt gesehen. Seit jener Zeit geistert der unkeusche Mönch umher.

Der Schatz in der Grabkammer

Nicht selten erzählt man sich die Sage von versteckten Schätzen, wo Klöster einst aufgegeben wurden. Nicht anders ist es in Mutzschen. Hier existierte in früherer Zeit ein ziemlich umfängliches Stift mit stets 20 bis 30 Mönchen. Dieses Kloster mit Bettelmönchen des Augustinerordens, sogenannten Marienknechten, wurde erstmals 1490 urkundlich erwähnt. Als die Reformation 1529 auch in dieser

Auf dem wunderschönen Friedhof in Mutzschen sollen Mönche einst Schätze in Grabgewölben versteckt haben.

Gegend Einzug hielt, traten die 26 noch im Kloster lebenden Mönche zur lutherischen Lehre über. Man sagte ihnen den Besitz von Schätzen nach, die sie bei ihrem Weggang unter alten Grabgewölben am Kirchhof verborgen hätten. In allen Zeiten wurde danach gesucht, vergebens natürlich. In Mutzschen wurde sich allerdings lange erzählt, dass ein Kaufmann, dessen Hintergebäude an den Kirchhof stießen, in den Zwanzigerjahren des 19. Jahrhunderts Glück hatte. Bei einem Umbau wäre der Mann zufällig auf die Gewölbe gestoßen und hätte den Schatz heimlich gehoben. Von dieser Stund an hatten sich seine Verhältnisse gebessert. Er schwieg über den Fund aber sein Leben lang.

Dedo von Groitzsch und das Verbrechen im Kloster Zschillen

Graf Dedo von Groitzsch-Rochlitz, Sohn des Markgrafen Konrad von Meißen, gründete im Jahre 1174 das Augustiner-Chorherrenstift in Zschillen an der Zwickauer Mulde (heute Wechselburg) zu Ehren seiner Großmutter. Hier sollte er 1190 begraben werden, nachdem eine Operation misslungen war. In einigen Geschichtsbüchern steht, dass ihn Kaiser Heinrich VI. aufgefordert habe, mit zum Kreuzzug aufzubrechen. Weil Dedo glaubte, dass er zu dick für beschwerliche Reisen und sein Bauch eher hinderlich auf dem Schlachtfeld sei, ließ er sich das Fett aus dem Leibe schneiden. Graf Dedo, der fortan der Feiste oder Fette genannt wurde, starb schließlich an diesem Bauchschnitt. Aber das ist eine andere Geschichte.

Seinem gestifteten Kloster sagte man etwa ein Jahrhundert nach der Gründung, so erzählt die Sage, pflichtvergessene Ordensbrüder nach. Sie stammten allesamt aus adligen Geschlechtern und hatten weder Gottes Gebote noch das Evangelium im Sinn. Prassend und schlemmend verbrachten sie die Zeit und führten manches Mal nichts Gutes im Schilde. Einzig Prior und Propst bekannten sich zu den klösterlichen Regeln und versuchten ihre Ordensbrüder vom rechten Weg zu überzeugen. Doch sie ernteten stets böses Gelächter.

Als einmal mehr nur die beiden zum Gottesdienst in der Kirche erschienen und die anderen tranken und feierten, eilten Prior und Propst zornentbrannt zum Refektorium, wo die gottesfernen Mönche fluchend und lachend zu hören waren. Die Klosteroberste hielten ihnen eine Strafpredigt und warnten sie vor Gottes Zorn. Doch der Teufel war längst in die Mönchsmeute gefahren. Einer zog ein Schwert und ging auf den Propst los. Er schnitt ihm die Beine ab. Ein anderer erschlug den Prior. Um ihre Taten zu vertuschen, versenkten die Mönche die Leichname in der Zwickauer Mulde. Jene Stelle wird noch heute „Mönchstaufe" genannt. Die adligen

Klosterherren wurden verfolgt und bestraft, als das Verbrechen ans Licht kam. Bald darauf, im Jahre 1278, wurde das Kloster den Deutschen Ordensherren übertragen.

Der schwarze Pudel im Zellwald

Bevor das ehrwürdige Kloster Altzella gegründet wurde, befand sich im Zellwald zwischen Nossen und dem Dörflein Marbach ein Benediktinerkloster. Gegründet wurde es 1140 von Thammo von Strehla. Die Abtei bestand allerdings nicht lange und als die letzten Mönche sich verabschiedeten, versenkten sie die Glocke und das silberne und goldene Klostergerät, das sie nicht mitnehmen konnten, im Klosterbrunnen. Mit Geröll und Boden schütteten sie ihn zu. Die Gebäude verfielen und wurden abgetragen. Das Kloster wurde vergessen.

Noch viele Jahrhunderte später war jedoch eine Vertiefung in der Nähe der Wohnung des ehemaligen Bahnmeisters zu sehen, wo sich einst der Klosterbrunnen befand. Obwohl ein jeder vom Schatz wusste, wollte sich doch niemand ans Ausheben wagen. Denn die Schätze bewachte ein schwarzer Pudel mit feurigen Augen, der des Öfteren Wanderern arg zusetzte, die zur nächtlichen Stunde durch den Zellwald zogen. Der dämonische Hüter machte ihnen Angst. Doch trugen die Wanderer einen Gegenstand aus Stahl oder Eisen mit sich, konnten sie unbehelligt des Weges ziehen.

Der Abt im Handwerkshause zu Roßwein

Der Meißner Markgraf Otto der Reiche stiftete im Jahre 1162 das Kloster Altzella und stattete es mit reichen Gütern, darunter auch die Stadt Roßwein, aus. Es war in den Jahrhunderten danach das reichste Kloster der Gegend. Als jedoch die Reformation auch die Region bei Nossen erreichte, zogen die Mönche fort. Kurz vor der Säkularisierung setzte sich der letzte Abt des Klosters, Andreas Schmiedewald aus Roßwein, 1544 zur Ruhe.

Zuvor hatte er sich, aber auch seine Verwandten mit den Klostergütern reichlich bedacht. Das Abthaus zu Roßwein, wo die Äbte residierten, wenn sie vor Ort waren, hatte er seinem Bruder Anton geschenkt, dem damaligen Bürgermeister des Städtchens. Der verkaufte das Gebäude 1565 für 700 Meißnische Gulden der Tuchmacherinnung, die es fortan als Handwerksinnungshaus nutzten. Weil das Gebäude nun aber nicht mehr zum Nutzen der Kirche bedacht war, spukte und lärmte es in dem Haus gar gespenstergleich. Man sagt, es war der Geist des letzten Klosterabtes, der dort zur Strafe ruhelos umging, weil er treulos das Klostergut vergeben hatte, das in seiner Obhut gewesen war. Auf dem Oberboden sah man ihn oft, dort wo die

Traueranzüge der Sargträger und die Leichengeräte der Zunft, wie Bahren oder Sarg-schilde, lagen, die bei Totenfeiern verstorbener Zunftmitglieder benutzt wurden. Der Geist saß dort trauernd, voller Reue, und tat nichts. Doch wenn er diese Gegenstände in seiner Verzweiflung ergriff und gen Himmel schüttelnd erhob, dann starb drei Tage danach ein Tuchmachermeister.

Was aus dem armen Geist wurde, erzählt die Sage nicht. Im Abthaus ist heute das Heimatmuseum untergebracht.

Das Beil am Kirchturm

Einst trieb ein Müllerbursche namens Martin Niemec im Sorbenland und Böh-men seine Späße und Spiele mit Arm und Reich. Bald war er nur noch als Pump-hut und Hexenmeister bekannt. Manches Male übertrieb er es mit dem Scherzen oder gewann die hübschesten Töchter ehrbarer Väter für sich. Deshalb war er auch stets auf der Flucht, immer am Wasser entlang. So gelangte er vermutlich auch in das Dorf Mockrehna in der Dübener Heide, das zwischen Eilenburg und Torgau liegt. Er hatte an seinem Gürtel ein Schlichtbeil, so wie Müllerburschen es trugen, weil sie meist auch Zimmerer sein mussten, um kleine Schäden am Mühlwerk schnell selbst zu reparieren.

Eine von vielen Legenden erzählt, dass sich, wie jedes Jahr, die Dorfgemeinschaft zum Flurumgang im Ort versammelt hatte. Die Bauern saßen bereits in der Schenke, wo der Erbrichter über die besichtigten Felder sprach. Er lobte die guten Bauern, deren Felder in voller Pracht standen. Aber jene, deren Felder nicht gut bestellt und gepflegt waren, rügte er aufs Äußerste. Die Bauern mussten je nach Urteil des Erbrichters Rügegelder zahlen, die sogleich zum Wirt für die nächste Runde wander-ten. Der Müller kam schlecht dabei weg und musste viel Geld zahlen. Neben seiner Mühle hatte er nämlich auch einiges Feld zu bewirtschaften. Doch kümmern wollte er sich darum nicht so recht. Deshalb wurden das ein oder andere Male die Humpen auf seine Kosten gefüllt und jeder trank, scherzte und lachte mit. Und als der Fremde sich einmischte und den Müller vor aller Augen und Ohren veralberte, machte die-ser ein dummes Gesicht. Der Erbrichter, die Bauern, der Wirt – alle lachten. Die nächste Runde ging auf ihn. Doch dem armen Mockrehnaer Müller setzte Pumphut noch ärger zu. Er nahm sein Beil, ließ es auf dem rechten Zeigefinger tanzen und sagte: „Gebt acht, gebt acht. Auf wen die Schneide zeigt, wenn es steht, der zahlt am Rügetage im nächsten Jahr am meisten." Als ob es der Teufel gewollt hätte, zeigte die Schneide auf den Windmüller. Diesen wurmte es im Innern, dass er, der Meister, ausgerechnet von einem Zunftgesellen so sehr gehänselt wurde. Aber nicht nur der Windmüller schien erzürnt über die böse Rede zu sein. Auch in Mockrehna flogen dem Hexenmeister die Herzen der hübschesten Mädchen zu. Die jungen Burschen ballten die Fäuste in ihren Hosentaschen und warteten auf den Augenblick, in dem sie zuschlagen könnten.

Ein durchreisender Müller aus einer Mühle weit hinter Torgau, viele Stunden ab von der Elbe, machte kurze Rast in Mockrehna und hörte die Burschen vor der Türe schimpfen. Er fragte nach, was ihr Problem sei, und sie erzählten vom Müllerburschen, der sein Beil als Schwert trug und im Saale seine Scherze trieb. Der Reisende wusste sofort, dass dies nur Pumphut sein konnte. Als nun jener vom Tanze kam und den neuen Gast erblickte, schwante ihm nichts Gutes. Er wollte schnell sein Bündel schnappen und Reißaus nehmen. Doch da standen bereits kräftige Burschen um ihn und ließen ihn nicht mehr aus den Augen. „Das ist Pumphut, der Zauberer, der Tunichtgut, der aller Welt übel mitspielt mit seinen Narreteien und Possen", rief plötzlich der neue Gast. „Er ist mit dem Teufel im Bunde. Packt ihn! Los, packt ihn! Nehmt ihm das Beil, denn darin liegt seine Zauberkraft. Packt ihn! Los, packt ihn!" Im Nu kam es zu einem großen Tumult. Stühle flogen, Gläser gingen zu Bruch. Die Weiber kreischten und die Burschen sprangen über die Tische, um Pumphut schnell zu packen. Da war er bereits zur Türe raus und lachte schallend. „Ihr sollt das Beil haben, solange ihr es wollt." Er lief flink zum Kirchhof, hinter ihm die johlende

In Mockrehna erinnert nicht nur die Figur des Pumphut an die Legende des Hexenmeisters. Am Kirchdach steckt noch immer das Beil der Sagengestalt.

Meute. Auf dem Friedhof begann ein großes Kesseltreiben. Bald hatten sie ihn umringt und kamen immer näher. Ihm blieb nur noch die Friedhofsmauer. Als auch dorthin einige junge Burschen ihm folgen wollten, nahm er sein Beil, holte aus und warf es Richtung Kirche.

Ein Zischen und Brausen erfüllte die Luft. Die Angreifer zogen die Köpfe ein, weil sie alle das Beil schon in ihrem Genick fühlten. Plötzlich krachte es laut und alle schauten zur Kirche. Das Beil steckte hoch oben in der Kirchturmspitze. Ehe sie sich besinnen und wieder zu Pumphut blicken konnten, war dieser verschwunden. Einzig der Schatten eines großen Hutes war zu sehen und verschwand unter einem dicken Stein. Man hat ihn nie wieder gesehen. Es war sein letzter Streich, doch das Beil steckt noch immer im Kirchturm zu Mockrehna.

Die Grabplatte in der Sachsenburger Kirche

Im 13. Jahrhundert thronte die Sachsenburg bereits als landesherrliche Festung zum Schutze der Silberbergwerke über dem Zschopautal. Als die Bergwerke niedergingen, hatten fortan Ritter das Sagen über die Burg und Herrschaft Sachsenburg. Bevor Kurfürst Johann Georg I. zum Anfang des 17. Jahrhunderts die Burg kaufte, herrschte ebenda drei Jahrhunderte lang das Adelsgeschlecht von Schönberg.

Viele Jahre nach dem Tod der Magdalene von Schönberg saß jeden Sonntag eine Magd im Gottesdienst in der Sachsenburger Kirche. Jedes Mal ging sie nach der Messe an der Grabplatte der Adligen in der Turmvorhalle vorbei. Es störte sie sehr, dass darauf fingerdicker Staub lag und sich offensichtlich niemand darum scherte. Also ging das Mädchen gleich nach dem Gottesdienst nach Hause und holte Staubtücher, um das Steinbild zu säubern. Als die Magd dabei über die Füße der Magdalene strich, fiel neben ihr irgendetwas klirrend zu Boden. Ein Goldstück, so glänzend und groß, wie sie es niemals zuvor gesehen hatte. Das Mädchen steckte es freudig in seinen Beutel, der um ihre Hüfte hing. Kurz darauf erzählte es seiner Freundin vom Staub, den Füßen und dem Goldstück. Diese wurde regelrecht neidisch und lief zur Kirche, um es der Magd gleichzutun. Mit Wasser und Bürste schrubbte sie das Denkmal blank, doch diesmal schien es diesem gar nicht zu gefallen. Statt klingender Münze erntete das Mädchen eine schallende Ohrfeige.

Zwerge & Riesen

Das Männlein auf dem Rücken

Über die schöne Renaissancestadt Torgau an der Elbe erzählt man sich so manche Legende, war sie doch jahrhundertelang ein auch politisch bedeutender Ort. In der Nähe der Stadt war im März 1669 ein Seiler, der woanders seiner Arbeit nachging, heimwärts unterwegs, als er einen Knaben mitten auf seinem Wege antraf. Dieser saß auf der Erde, hatte ein Brettspiel mit schwarzen und weißen Steinen vor sich liegen und spielte damit. Beim Überschreiten stieß der Seiler unglücklich an das

Den Blick von Schloss Hartenfels auf die Elbauen der Region kann heute jedermann genießen. Aus einer Zeit, als die Fürsten und Markgrafen in der Residenzstadt Torgau ein- und ausgingen, stammt die Sage um das Männlein auf dem Rücken.

Brett und die Steine verrutschten. Der Junge erschrak und sprang schimpfend auf: „Warum verrückt ihr mein Brettspiel? Wartet nur, mein Vater wird's Euch danken!" Er wandte sich ab. Der Seiler ging verdutzt weiter und nach hundert Schritten holte er ein kleines, uraltes Männlein mit grauem Bart ein. Es sagte ihm, dass es sehr müde sei. Er möge es doch tragen. Der Seiler aber lachte schallend. „Haltet ihr mich für ein Kamel, das einen alten Affen tragen muss", spottete er. „Musst doch tragen, musst doch tragen! Hast meinem Sohn doch das Brett verrückt!", antwortete das Männlein und hüpfte ihm auf die Schultern. Kein Rütteln oder Schütteln warf das Männlein ab, das immer schwerer wurde. So musste es der Seiler bis nach Torgau schleppen. Vor dem Tore der Stadt fiel das Männlein von ihm herunter wie ein Zementsack und verschwand. Zornig und verängstigt, aber auch todmüde und elend kehrte der Seiler in sein Haus zurück.

Nach zehn Tagen lag er im Sarge. Als sein Sohn darüber kläglich jammerte, kam das kleine Bübchen mit dem Brettspiel zu ihm. Des Seilers Sohn solle sich zufriedengeben, es sei dem Vater sehr wohl geschehen. Er und seine Mutter würden ihm bald folgen. „Meine Steine sind verrückt, das Brettspiel ist gestört. Die gute Ordnung, die gute Zeit sind vorüber. Es wird eine schlimme Zeit in Meißen kommen", sagte der Junge. Niemand in der Gegend werde besser dran sein als die Toten.

Bald darauf entfachte tatsächlich ein Krieg, der Hunger und Elend über die alte Markgrafschaft Meißen brachte, als der Kurfürst von Brandenburg mit einer Armee von 22.000 Mann und seinen Verbündeten gegen die im Heiligen Römischen Reich Deutscher Nation eingefallenen Franzosen in den Kampf zog. Es sollte lange dauern, bis das Waffengeklirr verstummte und die Steine der Menschengeschicke wieder in guter Ordnung standen.

Die Heinzelmännchensage

Die Gebrüder Grimm erzählten schon vor langer Zeit die Sage vom kleinen Volk der Eilenburg, das sich in Spalten, Schlupflöchern und Dielenritzen versteckt hielt. Die Besitzer der Burg hatten keine Ahnung, dass diese Wesen unter ihnen lebten. Die Legende von Glück und Segen bringenden Zwergen aber machte die Runde. Und in der Tat hatten die Grafen seit jeher Glück in allem, was sie taten. Die Heinzelmännchen wollten nun eines Nachts Hochzeit feiern und zogen durch Schlüsselloch und Fensterritzen in den prachtvollen Saal. Sie sprangen auf den glatten Fußboden, wie Erbsen auf die Tenne geschüttet werden. Davon erwachte der alte Graf, der im hohen Himmelbett in jenem Saal schlief. Ein Heinzelmännchen trat an den verwunderten Alten heran, geschmückt wie ein Herold, und lud ihn höflich ein, an ihrem Fest teilzunehmen. „Doch um eins bitten wir", setzte er hinzu, „Ihr allein sollt

zugegen sein, keins von Euerm Hofgesinde darf sich unterstehen, das Fest mitanzu-
schauen, auch nicht mit einem einzigen Blick." Der alte Graf antwortete freundlich:
„Weil ihr mich im Schlaf gestört, so will ich auch mit euch sein." Nun führte man
ihm ein kleines Weiblein zu, kleine Lampenträger stellten sich auf und Musik hob
an. Der Graf hatte Mühe, seine Tanzpartnerin nicht zu verlieren, da sie ihm so leicht
dahersprang und endlich so im Wirbel umdrehte, dass er kaum zu Atem kam.

Mitten in dem lustigen Tanz aber stand auf einmal alles still. Die Musik hörte
auf und die, die gerade noch feierten, huschten in die Türspalten, Mauselöcher und
wo sonst noch ein Schlupfwinkel war. Das Brautpaar aber, die Herolde und Tänzer
schauten hinauf zu einer Öffnung, die sich oben in der Decke des Saals befand.
Sie entdeckten dort das Gesicht der alten Gräfin, welche vorwitzig zur lustigen
Wirtschaft herabschaute. Darauf verneigten sie sich vor dem Grafen freundlich
und derselbe, der ihn eingeladen hatte, trat wieder hervor und dankte ihm für die
Gastfreundschaft. „Weil aber unsere Freude und unsere Hochzeit gestört wurde, soll
fortan Euer Geschlecht nie mehr als sieben Eilenburgs zählen", sagte er und verschwand mit den anderen.

Bald war es still und der alte Graf wieder allein im finstern Saal. Die Verwün-
schung sollte eintreffen. Immer einer von den sechs lebenden Rittern von Eilenburg
soll stets gestorben sein, ehe der siebente geboren war.

Die Riesenrippe von Nossen

Viele Geschichten ranken sich um ein sonderbares Gewächs am Hauptportal
der Kirche zu Nossen. Manch einer behauptet, dass es sich um die Rippe eines
Meerwunders oder eines Elefanten handele. Nach einer anderen Meinung wäre
diese Rippe identisch mit der in Gold gefassten Rippe der heiligen Katharina, welche zu den Reliquien des Klosters Altzella gehörte. Wieder andere jedoch glauben
der Legende, dass das, was seit undenklichen Zeiten gar zierlich gewölbt das Portal
schmückt, die Rippe eines Riesenfräuleins sei.

Vor vielen Jahrhunderten hausten viele dieser Wesen in den Gebirgen weit und
breit. Auf der Burg Nideck im Elsass hoch oben auf einem Berg an einem wilden
Wasserfall, so hielten es schon die Gebrüder Grimm in der Geschichte „Das Rie-
senspielzeug" fest, waren die Ritter vorzeiten auch Riesen. Einmal ging das Riesen-
töchterlein mit großen Schritten hinab ins Tal, offenbar bis in die Nähe von Nossen.
Denn hier erzählt man sich, dass das Fräulein in Rhäsa einen auf dem Felde arbei-
tenden Bauern mit Pflug und Pferden beobachtete. Weil sie nichts dergleichen bisher
gekannt hatte, war sie so verzückt, dass sie ihre Schürze ausbreitete, mit ihrer Hand
übers Feld strich und alles einsammelte. Als sie zurück auf der Burg war, breitete sie

*Am Portal der Kirche zu Nossen hängt ein sonderbares Gewächs. Eine Sage behaup-
tet, es ist die Rippe eines Riesenfräuleins.*

dem Ritter die Schürze auf. „Was hast du so Zappeliges darin, mein Kind?", fragte
dieser. Das Riesenfräulein freute sich sehr. „Ei Vater, ein gar zu artiges Spielding! So
was Schönes hab ich mein Lebtag noch nicht gehabt." Sie stellte eines nach dem anderen auf den Tisch – den Bauern, die Pferde, den Pflug. Und als die kleinen Geschöpfe
sich bewegten, sprang das Mädchen vergnügt umher, dass die Teller und Gläser im
Schrank klirrten. Doch der umsichtige Ritter schüttelte mit dem Kopf und sagte: „Da
hast du ja etwas Schönes angerichtet. Das ist kein Spielzeug. Trag's sogleich zurück
ins Tal." Das Fräulein weinte, es half aber nichts. „Mir ist der Bauer kein Spielzeug",
sagte der Ritter ernst. Denn wenn er seinen Acker nicht bestellt, hätten auch die
Riesen auf ihrem Felsenneste nichts zu essen.

Wie die Rippe des Fräuleins später bis nach Nossen kam, erzählt die Sage nicht. In Haslau sei das Riesenfräulein auch des Öfteren „in die Haselnüsse" gegangen. Die Rippe kam Anfang des 17. Jahrhunderts in die Königliche Kunstkammer nach Dresden, 1657 aber wieder zurück nach Nossen.

Die Räuberhöhle am Schafteich

Als Glauchau noch ein kleines Städtlein war und der sogenannte Schafteich fast die gesamte Ebene zwischen Zwickauer Mulde, Lungwitz und dem Scheerberge einnahm, wurde Ende des 18. Jahrhunderts im Dickicht eine Art Stollen gefunden. Dieser reichte weit hinein in die Erde. Einen kühlen, modrigen Schauer hauchte er aus. Man bezeichnete ihn meist als „Räuberhöhle", weil hier einst Banden ihr Versteck im Dunkel suchten.

Eine Sage erzählt jedoch von einem armen Hirtenknaben. Sein Vater hütete tagaus tagein die Schafe eines anderen, während sein einziges Söhnlein allein auf grüner Flur spielte. Der neugierige Bursche geriet wohl öfters in gefährliche Situationen. Oft stand er lange vor der Höhle und dachte sich: „Ja, fänd' ich nur den Weg zurück; ich lief' hinein mal auf gut Glück."

Eines Abends sah er eine schwarze, goldgesprenkelte Henne in den Eingang stolzieren. Sie gackerte, als wolle sie gleich ein Ei legen. Der Junge folgte ihr nur ein paar Schritte. Die mahnenden Worte des Vaters hatte er noch im Ohr: „Dass du mir nicht die Wiese verlässt. Zu viele Gefahren lauern dort. Du könntest dich verirren." Es war finster, kalt und unheimlich. Der Bursche wusste, dass dort drinnen der Hungertod lauerte. So machte er kehrt.

Doch auch in den nächsten Tagen kroch die Henne erneut in das tiefe Dunkel, gackernd, als wolle sie ihr Nest besuchen. Endlich kam ihm in den Sinn, wie ihm die Henne den Weg in die Höhle hinein und wieder hinaus zeigen könnte. Er nahm ein starkes Garn und band es der Henne ans Bein. Sie rannte sogleich los, als wüsste sie, was er sich wünschte. Der Hirtenknabe folgte ihr, ohne sich umzudrehen, im Zickzack durch das Labyrinth von Gängen. Als ihn plötzlich ein grelles Licht blendete, schreckte er zurück und war starr vor Angst. Vor ihm stand ein Ungeheuer – schwarz, mit Augen aus grünem Feuer, die Zähne spitz, die Krallen so glänzendblau wie Stahl. Und neben diesem großen, zottigen Hund stand ein kleines Männchen im aschgrauen Mantelrock. Er bat ihn, heranzutreten, doch der Knabe rührte sich nicht. Das Männlein reichte ihm ein Säcklein, das dem Jungen gehören könnte. Er dürfe jederzeit wiederkehren, er müsse nur schweigen, woher er es hatte. Zögerlich nahm der Knabe das Säcklein und ging. Der Faden zeigte ihm den Weg. Sieben Silbertaler fand er im Sack. So glänzend und reich. Doch was half's. Das Bürschlein wurde

Schaurig schön: Einst musste ein armer Hirt aus Glauchau die Schafe eines anderen hüten und hatte wenig Zeit für seinen Sohn. Dieser spielte währenddessen allein in der Nähe einer Höhle - mit schlimmen Folgen.

traurig. Der Vater, der die Taler so sehr brauchte, durfte nichts davon erfahren. Ihm blieb nichts übrig, als seinen Reichtum zu vernaschen.

Jedes Mal ging er nun zum Kramer in der Stadt, wenn es ihm nach Mandelkernen und Bonbons war, und zahlte mit glänzender Münze. Als das Säcklein leer war, holte sich der Jüngling weitere Taler beim kleinen Mann. Weil der Hirtenknabe immer mehr naschte, wurde der Kaufmann schließlich misstrauisch. Der Bursche musste das Geld gestohlen haben. Doch dieser schwieg. Der Kramer schleppte den Übeltäter zur Schäferei und berichtete dem Alten, dass sein Sohn seit Wochen mit blanken Talern zahlte. Der Vater, kreidebleich vom Vorwurf, drohte dem Jungen. Doch dieser schwieg. So schlug der Alte ihn aufs Unbarmherzigste Gesicht und Hände blutig, bis der Knabe es ihm schluchzend gestand: „Gewiss, ich muss es büßen, dass ich dir's habe sagen müssen! Das graue Männchen rächt sich an mir gewiss recht fürchterlich!" Der Hirte erschrak. Was hatte er getan? Doch seine Reue und seine Tränen konnten sein Söhnlein nicht retten.

Am nächsten Morgen lag das Kind reglos ihm Bette. Das Männlein hatte ihm den Hals umgedreht.

Die goldenen Brote zu Pomßen

Es war Nacht im alten Schlosse zu Pomßen südöstlich von Leipzig. Der Vollmond zeichnete Schatten in den großen Schlafsaal. Im Himmelbett des Schlossherrn lag ein kleiner Knabe, nur wenige Tage alt, eingewickelt in einem Tuch, und schlief friedlich. Seine Mutter Sarah jedoch fand keine Ruhe, saß am Fenster und blickte sorgenvoll zur Straße, die zum Walde zulief. Vor vielen Monden war ihr lieber Mann mit seinem Herrn, dem Markgrafen von Meißen, auf diesem Weg in den Türkenkrieg gezogen. Er hatte dieses Schloss zurückgelassen und weitere in anderen Dörfern in der Nähe, die seit jeher der adligen Familie von Ponickau gehörten. Sie lief auf und ab, fragte sich, ob es ihrem Gemahl wohl gut ginge. Was würde er zu seinem Söhnlein sagen?

Als sie nun kurz nach Sonnenaufgang immer noch mit offenen Augen neben dem Knaben im großen Ehebett lag und ihre Gedanken wandern ließ, da sah sie plötzlich, wie sich die schwere, eisenbeschlagene Tür geräuschlos und ganz sachte öffnete. Ihr wurde bange, gleich wollte sie nach ihrer Dienerschaft rufen, von der sie nur wenige besaß. Da sah sie in langen Reihen ein Zwergenvolk hineinkommen. Ein Musikchor ging voran, ihm folgten ein Brautpaar und deren Eltern, danach die illustren Hochzeitsgäste – Männlein und Weiblein – kaum zwei Spannen hoch. Beim mächtigen Ofen, der noch immer ein wenig Wärme ausstrahlte, stellten sie sich paarweise auf. Sie tanzten fröhlich zur lieblichen, wenn auch leise erklingenden Musik. Ausgelassen drehten sie sich, warfen ihre kleinen Mützen in die Luft und stimmten in seltsame Melodien ein. Als sie nun zum Abzug ansetzten und an der erstaunten Schlossherrin im Himmelbett vorbeizogen, da blieb auf einmal der kleine Bräutigam stehen und blickte zu ihr empor. Er verneigte sich und dankte ihr im Namen seiner Brüder für die Heimat und den ruhigen Aufenthalt, den sein Volk bislang auf ihrem Schloss genossen habe. Weil es ihnen so finster in der Erde gewesen sei, wollten sie ihr Vermählungsfest im lichten Sonnenschein feiern. Zum Dank für die Gastfreundschaft wolle er ihr das Glück zurücklassen. Er überreichte ihr drei kleine, goldene Brote. Sie solle gut darauf aufpassen, und versprach, wenn sie das tue, dann würde es ihrer Familie an Glück und Reichtum niemals fehlen. Es würde gar zunehmen. Damit zog die Zwergenhochzeit ab.

Wenige Tage später kam ihr Gemahl aus dem Krieg zurück nach Hause, mit reicher Beute und gesund. Da beide das Glück für die Familie festhalten wollten, ließen sie die Brote im Turm ihres Schlosses in Pomßen einmauern. Die Jahre verstrichen. Die Wiesen, die sich um die Schlösser und Herrenhäuser der Familie erstreckten, waren grün, die Felder trugen stets reiche Ernte und das Vieh war fett vom satten Futter, das die Bauern ihnen geben konnten. Doch auch im Leipziger Land brachte der Dreißigjährige Krieg Tod und Verderben über die Dörfer. Die Feinde kamen ins Dorf, plünderten und zündeten das Schloss an. Feuer fraß sich durchs Gemäuer, bis der Turm einstürzte. Die Brote wurden nie gefunden. Seit dieser Zeit schien das Glück für die Familie Ponickau verloren. Ein Gut nach dem anderen verloren die Adeligen, zuletzt auch das Schloss zu Pomßen.

Das Goldmännlein des Schlosses Hayn

Der Wermsdorfer Wald mit seinen romantischen Lichtungen und verwunschenen Weihern birgt so manches Geheimnis. Nahe der Quelle des Altenhainer Baches, unweit vom Calbitzer Weg, stand einst eine Wasserburg, von der noch immer Mauerreste zu sehen sind. Im Hussitenkrieg soll das Schloss Hayn zerstört worden sein. So kam es, dass die Bewohner der Dörfer über die Jahrhunderte viele Geschichten um den Ort ranken ließen, auch jene Sage vom Goldmännlein.

Einst wurde in Calbitz zum Tanz aufgespielt. Spät in der Nacht erst verstummten die Instrumente. Die Dorfmusikanten verließen in fröhlicher Stimmung den Ort und wanderten ihren Heimatdörfern zu. Sie scherzten und lachten, als einer der musikalischen Gesellen in der Nähe des wüsten Schlosses Hayn einen Vorschlag machte: Sie könnten doch dem Schlossherrn ein Ständchen bringen. Da waren sie alle mit dabei. Kurz darauf unterbrachen raue Töne die Stille des nächtlichen Waldes. Die Musikanten trommelten und zupften auf ihren Gitarren, sie klatschten in die Hände und drehten sich übermütig im Kreis. Als sie bereits das zweite Lied anstimmten, da erschien auf den verfallenen Mauern ein graues Männlein mit langem Rauschebart. Vor Schreck hörten die Musikanten mitten im Stück auf zu spielen und starrten mit offenen Mündern zum Männlein. Dieses jedoch lächelte freundlich und winkte ihnen zu. Sie fassten ihren Mut zusammen und traten näher. Das Männlein deutete auf die Instrumente: „Der Schlossherr hat sich über das Ständchen gefreut, das ihr ihm geschenkt habt. Er möchte euch belohnen und schenkt euch wiederum jedem eine Wurst", sprach es und verschwand. Ungläubig blickten sich die Musikanten an. Sie ergriffen ihre Instrumente und schlichen auf leisen Sohlen davon. Sie erblickten bereits die Kirchturmspitze ihres Heimatdorfes, da versuchten sie neugierig, von der Wurst zu kosten. Doch sie war viel zu hart. Aus Frust warfen sie das Geschenk in die Büsche. Nur einer steckte sie in seine Tasche. Vor ihren Hütten angekommen, versprachen sie, von der unheimlichen Begegnung niemanden zu erzählen. Es hätte kein Mensch geglaubt, der nicht Zeuge war.

Der eine Musikant ließ sich die Wurst zum Mittagsmahle zubereiten. Als er sie schließlich anschnitt, fielen blanke Goldstücke heraus. Das erfuhren auch die anderen Musikanten, die schnell zum Wald zurückeilten, um die Würste zu suchen. Doch

Im Wald in der Nähe von Wermsdorf stand vor vielen Jahrhunderten das Schloss Hayn. Anfang des 15. Jahrhunderts wurde es im Hussitenkrieg zerstört. In seiner Ruine soll der alte Schlossherr noch lange gespukt haben.

auch Stunden später, nachdem alle Büsche und Gräser durchkrochen waren, blieben die Würste verschwunden. Traurig zogen sie wieder heimwärts. Nur ein Vöglein rief ihnen von einem hohen Baum nach: tschitschipä, tschitschipä.

Der Lamperdamm

Als Riesen und Zwerge noch in friedlicher Nachbarschaft mit den Menschen lebten, hauste ein Riese in der Nähe von Belgern. In mancher Sage des Ortes wird vom Roland gesprochen und behauptet, seine Wohnung habe sich im Ganserberg im Stadtpark, der Döhner genannt wird, befunden. Der Eingang sei seit Jahrhunderten verschüttet und wurde nie gefunden. Oft war der Riese zu Fuß unterwegs, gern in der Elbe nach Riesa oder Torgau. Das Wasser kitzelte seine Knöchel. Er kletterte ohne Mühe im Erzgebirge und ging weite Strecken spazieren.

Eines Tages schlenderte er Richtung Schwarze Elster. Auf dem Rückweg drückte ihn der Schuh. Als er ihn auszog, sah er, dass der Schuh halbvoll mit Sand war. Er schüttelte ihn auf einem Feld zwischen Kröbeln und Nieska aus. Dieser Sand liegt dort noch heute als Lamperdamm (Landwehrdamm).

Der Roland am Rathaus in Belgern ist der einzige im Sachsenland. Um den steinernen Riesen ranken sich einige Sagen, u.a., dass er im Ganserberg hauste.

Von wunderbaren Quellen,
Schätzen & mancher Zauberei

Der Schlüssel zu Gnandstein

Einen Tagesmarsch von Leipzig entfernt auf der alten Handelsstraße nach Chemnitz, wacht seit Jahrhunderten Burg Gnandstein auf einem hohen Porphyrfelsen über das umliegende schöne Kohrener Land. Sie war schon seit dem 13. Jahrhundert im Besitz der einst mächtigen Familie von Einsiedel. Von einem gewissen Haubold von Einsiedel handelt eine Sage, die man sich heute noch auf den Fluren der Burg erzählt.

Jener Einsiedel, dessen Figur noch heute in der Schlosskirche in Stein gehauen zu sehen ist, war im 16. Jahrhundert nach der Sitte jener Zeit nach Italien gereist. Als er von einem heftigen Unwetter überrascht wurde, bat er, erschöpft und durchnässt, an der Pforte eines tief in den Apenninen gelegenen Klosters um Aufnahme. Man habe ihn freundlich hereingebeten und wollte seinen Namen und den Zweck seiner Reise wissen. Kaum habe er dies erklärt, erkundigte sich der Prior ungläubig nach Einzelheiten zu dessen Familie. Als der Gottesmann keinen Zweifel an Einsiedels Identität mehr hatte, legte er ihm eine Karte von Gnandstein und alte Schriften aus der Klosterbibliothek vor. Hier konnte man lesen, dass an einem unbekannten Orte im Schloss ein großer Schatz in einer mächtigen, eisernen Kiste vergraben sei. Weiter stand geschrieben, dass der Schatz nur durch zufällige Bauarbeiten gefunden werden könnte. Denn man stoße dabei auf ein kleines, eisernes Kästchen, in dem sich neun Pfeile und ein großer Schlüssel befänden. Jene Gegenstände müssten nach sorgfältigem Öffnen exakt in gleicher Position verbleiben. Wenn man der Richtung folge, auf die der Bart des Schlüssels hinweise, fände man in der Mauer eine Schatztruhe. Nach seiner Rückkehr ließ der Graf an verschiedenen Stellen graben, in der Hoffnung auch so auf den Ort zu stoßen. Aber vergebens.

Auch viele seiner Nachkommen versuchten ihr Glück. Da kam in der zweiten Hälfte des 18. Jahrhunderts ein Besitzer von Gnandstein aus dem Einsiedelschen Geschlechte auf den Gedanken, aus einem großen, im ersten Stock des Schlosses gelegenen Zimmer zwei kleinere zu machen. Er ließ also die Maurer kommen, die

Auf Burg Gnandstein soll ein Schatz versteckt sein. Viele Generationen von Schloss-herren wollten ihn finden, doch alle Versuche blieben erfolglos.

ohne Gedanken an die alte Prophezeiung mit ihren Spitzhacken über Kopfhöhe auf die Mauer einschlugen. Auf einmal stürzte unter den Steinen ein eisernes Kästchen herab, der Deckel desselben sprang sogleich von selbst auf, die erwähnten Pfeile, ein vergilbtes Pergament und ein großer Schlüssel in der Form der alten Kirchen-schlüssel fielen heraus. Der herbeigerufene Schlossherr konnte seinen Augen kaum trauen, die Prophezeiung sollte wahr werden. Doch niemand konnte sich erinnern, zu welcher Seite hin der Schlüssel ursprünglich in dem Kästchen gelegen hatte. Zwar unternahm man nun abermals Nachgrabungen, aber man fand nichts. Weil auch das Pergament in fremdem Alphabet geschrieben war, bat der Graf einen Professor aus Leipzig um Rat. Er schickte dem Gelehrten die Urkunde, ohne jedoch daran zu denken, eine Abschrift davon zu machen. Als mache sich das Schicksal über die Adelsfamilie lustig, brach just bei diesem Professor ein Feuer aus und auch das wich-tige Pergament zerfiel zu Asche und Staub.

Einmal noch unternahm einer von Einsiedel den Versuch, den Schatz zu finden. Ein Brüsseler Hellseher konnte eine genaue Lagebeschreibung des Schatzes abgeben. Doch der Schlossherr deutete die Aussage falsch und ließ alle Suche einstellen. Das eiserne Kästchen, die neun Pfeile und der große Schlüssel gingen im Laufe der Jahre verloren. So liegt die große, eisenbeschlagene Truhe heute noch unentdeckt in ihrem Versteck.

Hexenmeister Schlichtriel von Mittweida

Einst lebte im kleinen Städtchen Mittweida ein düsterer Geselle. Er vermochte es, die Menschen seiner Umgebung zu verblenden und an der Nase herumzuführen. Wo er die Schwarze Kunst erlernt hatte, konnte niemand mehr sagen. Man erzählt sich, dass der Hexenmeister den Mittweidaern einmal einen Hahn gezeigt hat, der einen schweren Zaunpfahl im Schnabel trug. Doch eine Magd kam vom Felde heim – in ihrem Futterkörbchen auf dem Rücken lag unter dem gesammelten grünen Klee auch zufällig ein vierblättriges Kleeblatt, das sie vor dem Zauber schützte – und erkannte den vermeintlichen Pfahl als Strohhalm. Fix erzählte sie dem Volk von der Täuschung und der Spuk war vorüber. Das verärgerte Schlichtriel so sehr, dass er bald darauf jene Magd aus Rache mit einem Zauber verblenden wollte.

Als sie eines Tages über die Bachbrücke an der Freiberger Straße ging, war es ihr, als wate sie bereits durch steigendes Wasser. Es hatte in ihren Augen bereits die Brücke überschwemmt. Eilig hob sie ihren Rock hoch. Die Leute am Rande des Baches sahen aber kein Hochwasser, sondern ein gackerndes, hüpfendes Weib auf der Brücke, und lachten es aus.

Als der Hexenmeister gestorben war und man seinen Sarg auf den Kirchhof brachte, da bemerkten die Anwesenden mit Schrecken, dass Schlichtriel leibhaftig aus der Bodenluke seines Wohnhauses in der Freiberger Straße herausschaute und seinem eigenen Begräbnis zusah.

Der gebannte Flüchtling zu Rochlitz

Im 16. Jahrhundert war das Sachsenland durch den Bergbau reich geworden. Viele Städte wurden nach großen Silberfunden im Erzgebirge gegründet, darunter Schneeberg und Annaberg. Auch Rochlitz war eine aufstrebende Stadt. Hier lebten bereits mehr als 2.000 Bewohner. Ein Sprichwort besagte, dass der Rochlitzer Wald auf Gold, der Galgen der Stadt auf Silber und das Rochlitzer Schloss auf Marmor stehe. Im Jahre 1530 war in den Türmen jenes Schlosses ein böhmischer Edelmann eingekerkert. Einzig Stroh als Lager und ein Kanten Brot waren ihm geblieben. Da flocht er aus dem Stroh ein Seil, mit dessen Hilfe er dann eines Nachts fliehen konnte.

Als seine Flucht am Morgen bemerkt wurde, als die Wärter ihm Wasser hatten bringen wollen, war der Mann bereits weit gekommen. Seine Füße hatten ihn schon aus der Stadt getragen. Als er verschnaufen wollte, sah er den Turm der neuen Kunigundenkirche über der Stadt thronen. Und plötzlich, durch Zauber geblendet, wandte sich der Flüchtige wieder dem Schloss zu. In der Meinung, er strebe immer noch der Freiheit entgegen, kam er Rochlitz immer näher. Bis ihn die Häscher ergreifen konnten. Im Volke erzählt man sich noch heute, dass wohl ein katholischer Priester den Zauber verursacht haben muss, als er in der Kirche die Gemälde mit dem Gesicht zur Wand gedreht hatte.

Die Fuhrmannslegende von Eicha

Als das Sachsenland nur vereinzelt besiedelt und die Wälder noch ausgedehnt und finster waren, nannte man Eicha, an der idyllischen Parthe gelegen, noch Marienhain. Seinen Namen verdankt der Ort einer mächtigen Eiche, worunter die alten Sorbenwenden ihre Abgötterei getrieben haben sollen. Anno 1454 soll hier laut einer Legende ein alter Fuhrmann mit seinem Wagen unterwegs gewesen sein. Der Wagen, mit Gefäß und Kasten hoch und schwer, quälte sich voran. Der Abend brach schon an, der Alte wollte aber rechtzeitig in Leipzig sein. Mit Peitschenknall trieb er die Gäule an. Ein Wanderer kam keuchend hinterher und fragte, ob er seinen schweren Rucksack auf den Wagen legen dürfe. Hilfsbereit nahm der Fuhrmann den Wanderer mit. Sie gingen eine Weile und erzählten über dies und das, als sie an einer alten, hohen Eiche ein Marienbild erblickten. Gottesfürchtig kniete der Alte nieder und betete, doch der Wanderer blieb seitab. Als die beiden weiterwollten, blieben die Gäule wie gebannt stehen. Er trieb sie an, strich mit der Hand über ihre Köpfe, redete ihnen freundlich zu, schrie oder riss am Zaum. Selbst ein Peitschenknall half nicht. Kein Hindernis versperrte den Pferden den Weg. Ratlos sah der Alte zum Marienbild und erschrak plötzlich. Der Wanderer muss schuld sein, durchfuhr es ihn: „Was hast du in dem Sack, welch Sündengut?", schrie er und der Wanderer sank bleich und tot zu Boden.

Im Rucksack fand der Fuhrmann nun eine Figur, ein goldener Kranz um den Leib des Herrn. Es musste gestohlen worden sein. Wieder kniete der Fuhrmann vor dem Madonnenbild und versprach, den Ort zu finden, von dem der Bösewicht es entwendet hatte. Nun zogen seine Pferde den Wagen wieder rasch voran. Die Geschichte kannte schon bald die ganze Gegend und Eicha entwickelte sich zum Wallfahrtsort. 1497 wurde hier ein Kloster gegründet. Weil aber der lutherische Pfarrer Johann

Der Legende um ein Marienbild an einer Eiche verdankt das beschauliche Eicha bei Naunhof seinen Namen. Das Dorf war ein bekannter Wallfahrtsort. Mitte des 15. Jahrhunderts begann man, eine Marienkapelle zu errichten. Später wurde ein Kloster gegründet.

Pfeffingers in der kleinen Kirche in Eicha zuerst evangelisch predigte, kamen die Wallfahrer jeden Sonntag zu Hunderten aus Leipzig, sodass Herzog Georg die Wallfahrt unter Androhung einer harten Strafe verbieten musste. Das Kloster wurde 1525 im Zuge der Reformation aufgelöst und ab 1534 abgerissen. Der „wundertätige" Altar findet sich heute in der Kirche des benachbarten Albrechtshains.

Die Kempenjule

Ein reicher Ritter bewohnte einst die Kempe zwischen Roßwein und Döbeln. Auch seine wunderschöne Tochter Jule lebte mit auf dieser Burg. Eines Tages klopfte eine Zigeunerin an das schwere Tor und bat um Almosen für sich und ihre Kinder. Der Burgherr verweigerte diesen Wunsch aber kaltherzig. Er ließ sie sogar von seiner Burg wegzerren, ohne ihr nur eine geringe Spende zu überlassen. Erbost über diese Kälte sann die Frau auf Rache. Sie war der Zauberei mächtig und verwandelte die schöne Ritterstochter für alle Zeiten in eine furchterregende, hässliche Schlange. Das Mädchen könnte jedoch von einem Jüngling gerettet werden. Alle hundert Jahre, in der Silvesternacht von einem Jahrhundert zum nächsten, sollte es durch den Kuss eines mutigen Mannes erlöst werden. Genau um Mitternacht zeige sich die Schlange. Doch jeder furchtlose Retter entpuppte sich als feige, wenn sie im fahlen Mondlicht zischend und züngelnd an ihn hochkroch. Alle nahmen bislang Reißaus.

Das arme Mädchen wartet noch heute auf ihren Retter oben auf der Burgruine, die abseits des kleinen Ortes Mahlitzsch über der Freiberger Mulde hinter Blattwerk thront.

Der Loßwiger Gesundbrunnen

Vor langer Zeit waren drei Handwerksgesellen aus dem Ort Röderau über der Elbe in die Welt gezogen. Sie sahen große Schiffe in See stechen, tiefe Täler und riesige Berge, emsige Marktplätze und aufstrebende Städte. Doch irgendwann waren sie der Reise leid. Sie wollten zurück in die Heimat und in Röderau eigene Familien gründen. Also wanderten sie viele Wochen und Monate heimwärts. Der Weg war beschwerlich und die Kräfte in den Jahren der Walz geschwunden. Die drei Handwerksburschen hatten Fieber und waren krank. Als sie Torgau durchquert hatten, kamen sie in den Ort Loßwig. Hier schlugen sie ihr Lager auf. Erschöpft sanken sie nieder. Nur einer schleppte sich zum Wegesrand und suchte nach Feuerholz. Da entdeckte er am Fuße eines Abhangs eine kleine sprudelnde Quelle. Vom weiten Weg durstig geworden, stillten sie ihren Brand an dem klaren Wasser. Ohne weiter nach Feuerholz zu suchen, schliefen die drei zufrieden und vom wohltuenden Wasser gestärkt alsbald ein.

Als am nächsten Tag die Sonne bereits weit über ihnen stand und ihre Glieder wärmte, erwachten sie. Die drei Gesellen blickten sich ungläubig an. Sie waren ausgeschlafen, fühlten sich frisch und gesund. Das Fieber war verschwunden. Das musste die heilsame Wirkung des Wassers gewesen sein. Sie eilten zur Loßwiger Kirche, um für dieses Wunder zu danken und zu beten. Dem Pfarrer erzählten sie von der Quelle und gaben ihm ein Opfer von 47 Groschen, denn die Familien der Burschen waren wohlhabend. Jedes Jahr richteten die Röderauer dieses Dankopfer an die Kirche zu Weßnig-Loßwig und die Quelle wurde, bis sie vor unserer Zeit versiegte, Loßwiger Gesundbrunnen genannt.

Das Muttergottesbild zu Dommitzsch

Der Dreißigjährige Krieg hatte auch vor dem Dorfe Dommitzsch an der Elbe nicht haltgemacht. Eine Horde schwedischer Reiter plünderte, legte Feuer und zerstörte Häuser. Schließlich verwüstete sie auch die Kirche. In einer Nische stand ein altes Bild der heiligen Maria mit dem Jesuskind. Einer der rücksichtslosen Soldaten schoss nach der Figur und traf. Als die Truppe der Zerstörung in diesem Orte müde wurde, zogen sie weiter elbabwärts nach Pretzsch. Dort wehrten sich die Bauern mit allem, was sie hatten, und konnten die Feinde vertreiben. Diese wollten diesmal einen Kampf vermeiden und umgingen schließlich den Ort. Der rohe Bursche, der in Dommitzsch auf das Muttergottesbild geschossen hatte, lud allerdings sicherheitshalber seine Pistole erneut. Als er sie einsteckte, löste sich versehentlich ein Schuss und traf ihn. Er verblutete.

Das wunderbare Lutherbild zu Wurzen

Während des Dreißigjährigen Krieges marschierten auch in Wurzen mehrfach die Soldaten ein, von Hunger und Beutegier, aber auch von ihren Feldherrn getrieben. So kam es, dass einmal ein kaiserlicher Soldat römisch-katholischer Religion in die Domkirche zu Wurzen trat und etliche schöne Gemälde entdeckte, darunter das Bildnis des Reformators Martin Luther. Er stieg sogleich auf eine Kirchenbank und zückte seinen Pallasch. Er wollte damit Luthern die Augen auskratzen und hatte bereits den Anfang dafür gemacht. Weil die Bänke aber wackelten, verlor er das Gleichgewicht und stürzte hinab. Dabei, so Gott es wohl wollte, brach er sich den Hals.

Die Zaubermartha

Wurzen hatte erst zwei schwere Pestjahre hinter sich, bei denen es ein Drittel der Bewohner dahingerafft hatte, schon wütete ein verheerendes Feuer 1602 in der Stadt. Der Teufel musste sein Unwesen treiben, so glaubten die Wurzener. Im Jahre 1615 bekannte sich eine Zauberin, die Martha genannt wurde, dazu, dass sie etliche Kinder umgebracht habe. Sie habe die Leute angehaucht und vergiftet. Sie gab zu, mit dem Teufel sieben Jahre lang zu tun gehabt zu haben. Das Christentum verlachte sie und sie hing üblen gottesfeindlichen Ritualen nach. Ihrer Übeltaten wegen sollte sie verbrannt werden. Doch dann fand man sie im Gefängnis vor dem Eilenburgischen Tor tot auf. Der Teufel muss sie sich geholt haben. Ihre Gehilfin aber, eine Anna Zschauin, wurde am 18. Juli 1615 gefoltert und aus dem Lande gejagt.

Die Katzenmeute zu Düben

Ein Nachtwächter sorgte vor vielen Jahrzehnten für Ruhe und Ordnung in den Gassen von Düben. Wenn der Mond über der Stadt wachte, lief er, seine Laterne in der einen Hand und eine mannshohe Stange mit spitzzulaufender Waffe in der anderen, durch die Straßen. Er überwachte das Verschließen der Stadttore, vertrieb Gesinde und sollte Alarm schlagen bei Feuer. Als ihn einmal seine Runde in ein eher stilles Viertel führte, ganz in der Nähe des großen Platzes, an dem sich bis 1835 der Stadtteich befand, konnte der Mond nur schwer die engen Gassen erhellen. Dort sah sich der Nachtwächter plötzlich von vielen schwarzen Katzen umringt. Sie kratzten an seinen Beinen, wollten ihn anspringen und jaulten. Erst als die Glockenschläge der Turmuhr über der Stadt erklangen, war der Spuk vorbei. Die Katzen verschwanden.

Am nächsten Tag befragte der Nachtwächter, dem der Schreck der Begegnung mit den Streunern immer noch in den Gliedern steckte, den Türmer von „St. Nikolai", der so manches Geheimnis wusste. Dieser riet ihm, das nächste Mal mit seinem Knüppel zuzuschlagen.

Es wurde wieder Nacht und der Mann drehte seine Runde, diesmal wachsamer und mit seiner Waffe bereit. Wieder umzingelten ihn dutzende Katzen aus allen Richtungen. Da zückte er seinen Stab und prügelte, klopfte und schnitt. Unter mörderischem Gejaule stoben die Tiere auseinander. Einer Katze hatte er sogar eine Pfote abgeschlagen.

Anderntags hörte man aus vielen Mündern, dass einige Frauen der Stadt das Bett nicht verlassen könnten. Sie seien blau und grün geschlagen worden. Eine habe

Im Schein der Laternen begegnete einst ein Nachtwächter in Bad Düben einer auf-
dringliche Katzenmeute.

sich gar beim Holzhacken die Hand abgehauen. Den Katzen war der Nachtwächter
nachts nicht mehr begegnet.

Der Geldberg bei Glasten

Zwischen dem Städtchen Bad Lausick und Glasten erhebt sich sacht ein bewalde-
ter Hügel. Im Volksmund wird er Geldberg genannt. Nun heißt es in einer Sage,
dass die Franzosen 1813 nach der Völkerschlacht bei Leipzig flohen und an jener
Stelle eine Kriegskasse vergraben hätten. Vielleicht war ihnen nicht geheuer, mit so
viel Geld zu reisen. Zwerge bewachten seither diesen Schatz. Auch allerlei anderer

Spuk verscheuchte diejenigen, die zum Glastener Geldberg wollten. An anderer Stelle wird der Schatz ebenso erwähnt: Weil Schatzgräber sich eher im Dunkeln versuchen, um die Kostbarkeiten zu heben, sind denn auch die kleinen Männlein um die Mitternachtsstunde besonders wachsam, die Schätze zu hüten, die ihnen anvertraut wurden. Manche Glastener, die zur Geisterstunde am Hügel vorbeikamen, wollen gar eine Weiße Frau gesehen haben. Sie soll sich den nächtlichen Spaziergängern in den Weg gestellt und sie vom Geldberg verscheucht haben.

Das blutende Hirschgeweih

In einem kleinen Ort in der Dübener Heide, Battaune genannt, das eineinhalb Stunden Fußmarsch von Eilenburg in Richtung Torgau entfernt liegt, trug sich am 26. August 1666 ein denkwürdiges Ereignis zu. Der Kohlbauer Michael Polenz, der von Freunden und Bekannten schlicht der Kohl-Michel genannt wurde, hatte zwei

Das blutende Hirschgeweih von Battaune machte den Ort bei Doberschütz im 17. Jahrhundert zu einer Attraktion.

Jahre zuvor ein altes Hirschgeweih an die Wand genagelt, das lange Zeit bei seinen Eltern gelegen hatte. Seither hatte die Familie es zum Aufhängen verschiedener Sachen genutzt. Als Kohl-Michels Weib nun an dem Morgen den Hader, der zum Milchwischen genommen wurde und am Abend vorher ans Horn aufgehängt worden war, wieder abnahm, begann das Geweih an einem Zacken zu bluten. Sie schrie vor Schreck und auch der sonst besonnene Kohl-Michel stand starr da. Denn das Horn blutete, sodass auf dem Boden schnell eine große Lache entstand. Der Pfarrer und viele Leute aus den umliegenden Dörfern und Städten kamen, um das Wunder zu sehen. Sie alle hatten davon gehört und wollten es nicht glauben. Neugierig tunkten sie ihre Finger in die Kanne, die fast voll war vom aufgefangenen Blut. Als nun das Hirschgeweih zu bluten aufhörte, ließen sie den amtlich bestellten Notar aus Eilenburg kommen. Dieser wollte es schon nach gründlicher Betrachtung als eine natürliche Feuchtigkeit erklären. Aber was geschah dann?

Noch während der Besichtigung fing es wieder an, stark zu bluten. Und wieder erschraken die Betrachter und wunderten sich über das frische, rote Blut, das scheinbar unerschöpflich aus dem Geweih rann. Wie zum späteren Beweise solchen Wunderwerks füllte sich ein Förster ein Fläschchen ab. Das Blut war schon bald geronnen und hart geworden, sodass er es zerteilen konnte. Als das Hirschhorn wieder aufhörte zu bluten, pressten und prügelten es verschiedenste Männer, um wieder Blut zu sehen. Doch nichts geschah. Weder sah man am Zacken, aus dem das Blut einst geflossen war, ein Loch, noch andere Auffälligkeiten.

Auch ein drittes Mal soll das Geweih einen viertel Tag lang geblutet haben, dann jedoch nie wieder.

Die wundersame Rettung der sächsischen Kurfürsten

Als Friedrich der Weise, der spätere Kurfürst Sachsens, am 17. Januar 1463 das Licht der Welt erblickte, war das Schloss Hartenfels in Torgau, wo dies geschah, bereits bevorzugter Ort des kurfürstlichen Hoflagers. Hier verbrachten er und sein jüngerer Bruder Johann die Hälfte des Jahres. Nach dem Tod seines Vaters Kurfürst Ernst von Sachsen übernahm Friedrich dreiundzwanzigjährig im Jahre 1486 die Kurwürde und regierte fortan gemeinsam mit Herzog Johann, der sich vornehmlich um innenpolitische Belange kümmerte. Friedrich reiste viel und nahm an zahlreichen Reichstagen teil. Auf diesen Reisen war er sicher nicht nur einmal Gefahr ausgesetzt gewesen.

Eine Legende besagt, dass die beiden sächsischen Fürsten einst im Winter von Torgau nach Wittenberg reisen wollten. Mit einem Schifflein brachen sie auf, kurz nachdem das Eis aufgebrochen war. Dicke Eisschollen rammten immer wieder das

Die Elbe war vor vielen Jahrhunderten stets Reiseweg des Adels. Er fuhr nach Dresden, vorbei an Belgern – wie auf dem Bild –, oder Richtung Wittenberg. Die Kurfürsten reisten auch im Winter per Schiff und begaben sich damit des Öfteren in Gefahr.

Schiff, sodass es schwankte. Das Holz knackte und knirschte bei jedem Stoß, sodass sich die Fürsten und ihre Besatzung zunehmend Sorgen machten. Als sie nun endlich in Wittenberg an dem Wassergraben, der neben dem Schloss gelegen war, ankamen und vom Schiff stiegen, da zerteilte sich dasselbe in mehrere Teile. Die Fürsten aber mit ihrem Gefolge und Dienern blieben starr vor Verwunderung stehen und betrachteten dieses große Wunderwerk Gottes. Wie konnte das Schiff ganz erhalten bleiben, bis sie ans sichere Ufer gekommen waren? Kurfürst Friedrich sagte zu seinem Bruder: „Wir müssen hiermit ja augenscheinlich wissen, dass uns Gott wunderbarlich trotz dieser und anderer Gefährlichkeiten durch seine lieben Engel bis hierher erhalten hat und die Wohltat Gottes dankbar rühmen, welcher uns in dieser Gefahr und anderen beschützet hat. Dass sich aber das Schiff, nachdem wir ausgestiegen waren, gespalten hat, fürchte ich, ist des sächsischen Hauses Zerrüttung."

Diese Prophezeiung erfüllte sich, als die Kurwürde von der ernestinischen an die albertinische Linie der Wettiner gelangte und damit auch Torgau das Privileg der Residenzstadt an Dresden verlor.

Der Heilbrunnen bei Dommitzsch

Einst soll es eine heilende Quelle in der Nähe von Dommitzsch gegeben haben. 1660 war, so steht es gar in der Torgauer Chronik, nahe des Dorfes Leipnitz ein Brausen unter der Erde und ein lauter Knall zu hören gewesen. Daraufhin entsprang ein Heilbrunnen, dessen Wasser viele Hundert Kranke, Lahme, Taube und Blinde geheilt haben soll.

Die Lucia-Quelle

Der Schlosspark in Zschepplin, der kleine Ort liegt zwischen Eilenburg und Bad Düben, birgt ein sagenhaftes Geheimnis. Einst sprudelte hier eine besondere Quelle, deren Wasser heilsame Kräfte besaß. Deshalb entwickelte sich das Dörflein im Mittelalter zum Wallfahrtsort. Das Wasser der Quelle heilte entzündliche Augenkrankheiten. Das sprach sich bis weit nach Leipzig, Halle und Wurzen herum. Die Apotheker und Kranken der Region pilgerten nach Zschepplin, um ihre Kannen und Töpfe mit dem heilenden Nass zu füllen. Die Kirche, die der heiligen Lucia gewidmet ist, jener Schutzpatronin der Blinden, wurde deshalb größer gebaut. Groß war nämlich die Zahl der Hilfesuchenden. An der Nordseite der Kirche errichtete man einen Töpfermarkt, auf dem die tönernen Waren feilgeboten wurden, die man zum Transport des Heilwassers brauchte. Ob und warum es tatsächlich heilsame Wirkung besaß, gehört dem Reich der Sagen an. Denn längst ist die Quelle versiegt und der einstige Marktplatz an den Friedhof angegliedert worden.

Der Gesundbrunnen zu Döhlen

Im Dorf Döhlen in der Gemeinde Seelitz an der Zwickauer Mulde, ganz in der Nähe von Rochlitz, lebte etwa um 1640 ein lahmer Kuhhirte. Er hatte vom Wunderwasser in Hornhausen im damaligen Stift Halberstadt gehört. Tausende Gebrechliche und Kranke soll der Gesundbrunnen wieder gesund gemacht haben. Der Kuhhirte wünschte sich zwar ebenso dorthin, doch war es ihm unmöglich, den Weg auf sich zunehmen. So dachte er sich, wenn Gott jenem Wasser die Kraft zum Heilen gegeben hat, könne er das auch für andere. Als der Kranke an einem Felsen vorbeikam, aus dem Wasser floss, kniete er nieder und betete andächtig zu Gott. Dieser möge sich doch seiner erbarmen, seinem Wasser die heilende Kraft wie jenem aus Hornhausen schenken und ihn gesunden. Und siehe da, sein Fuß wurde gerade und er gesund. Von dem Wunder hörte nun die ganze Region und viele Kranke kamen nach Döhlen. Aber keinem half das Wasser. Man zitierte daraufhin die Bibel: Des Gerechten Gebet vermag viel, wenn es ernstlich ist.

Das geheimnisvolle Marienbild zu Eilenburg

In der katholischen Zeit von Eilenburg stand einst ein Hospital in der Stadt, deren Kirche vermutlich im 13. Jahrhundert erbaut worden war. Sie bestand aus der kleinen Kapelle „St. Georg", die heute nicht mehr existiert. Ein wundertätiges Marienbild war der Grund für deren Bau gewesen. Das Bild bewegte sich, weinte oder antwortete auf Fragen. Weil es Kranke wieder gesund werden ließ, kamen viele Gebrechliche, Taube, Stumme, Lahme und Blinde in die Stadt und hofften auf Hilfe. Die Wallfahrer kamen von fernen Orten und brachten ihr Opfer. Die Bewohner aber fürchteten Ansteckung und wiesen die Kranken an ihren Haustüren ab, weshalb Hospital und Kapelle errichtet wurden. Als 1523 die Reformation in Eilenburg Einzug hielt, ließ der neue evangelische Pfarrer Magister Kauxdorf das Marienbild untersuchen. Es hatte einen Hohlraum, sodass man dahintertreten und durch ein geheimes Loch alles sehen und hören konnte. Der Pfaffe oder Mönch, der dahintergestanden hatte, hatte durch verborgene Schnüre, Drahtzüge und andere Instrumente die Augen der abgebildeten Figur bewegen und deren Kopf schütteln oder neigen können.

Warum viele der Kranken plötzlich wieder gesund waren und sich deshalb die Wundernachricht verbreitet hatte, vermag die Sage nicht zu nennen.

Sonderbares & Kurioses

Räuber Lips Tullian in Belgern

Im 18. Jahrhundert soll ein gewisser Lips Tullian der Anführer einer berüchtigten Räuberbande gewesen sein. Diese Schwarze Garde, wie sie genannt wurde, trieb besonders um Dresden, an der Silberstraße und im Erzgebirge ihr Unwesen, später sogar bis Böhmen, Schlesien und Thüringen. Der Spross eines kaiserlichen Leutnants und seine Anhänger plünderten Kirchen und Kramläden. Über die Bande und ihren Anführer ranken sich viele Legenden, keiner konnte den Räuberhauptmann wirklich durchschauen. Weder sein genaues Alter wollte er verraten noch seinen richtigen Namen. Einmal nannte er sich Phillipp Mangstein, ein anderes Mal Elias Erasmus Schönknecht. Zeitweise soll er Anführer von über 60 Dieben und Räubern gewesen sein und gemordet und geraubt haben. In Glashütte beispielsweise soll er 1710 eine kostbare Königskette, an der ein silberner Vogel hing, mit vergoldeter Krone und Augen von Rubinen aus der Kirche gestohlen haben. Auch soll er den Pfarrer von Großbothen bei Grimma beraubt oder mehrere Kirchen in Prag aufgebrochen und dort Diamanten und Smaragde gestohlen haben.

Auch in der Chronik von Belgern ist vermerkt, dass Lips Tullian in der Nacht vom 11. zum 12. Februar 1704 mit fünf seiner Genossen die Kirche aufgebrochen und bestohlen habe. Zur Beute gehörten ein silbernes Altarkruzifix, Messgewänder und Kelche. Er habe davon zehn Taler als Anteil eingeheimst. In der Nähe der Stadt wurden Pferde gestohlen. Auch das schrieb man der Bande zu. Der Südturm des Westflügels im Nossener Schloss wird heute auch Lips-Tullian-Turm genannt und beherbergt im Keller ein etwa zehn Meter tiefes Verlies. Der Räuberhauptmann soll zweimal aus der Gefangenschaft geflohen sein, was nicht minder zur Legendenbildung beitrug. Bei Niederbobritzsch befindet sich eine heute verschüttete Höhle, aus der angeblich Fluchtwege bis zum Tharandter Wald führten. Sie soll laut Legende als Diebeskammer gedient haben. Vielleicht sind dort noch heute Schätze begraben, wie jene aus Belgern und Glashütte.

Ein paar Jahre und etliche Einbrüche und Überfälle später ging der berüchtigte Dieb ins Netz. In Dresden wurde er am 8. März 1715 im Beisein Augusts des Starken und etwa 20.000 sächsischer Bürger durch das Schwert enthauptet.

Wie Schwarzer Kater zu seinem Namen kam

Einst kamen viele Kaufleute die alte Salzstraße entlang, auf der sich schon damals bei Dahlen eine Kreuzung zu den Siedlungen Luppa und Bortewitz befand. Hier stand eine beliebte Herberge, wo sie Rast und Ruhe fanden. Zu den Reisenden, die einkehrten, zählte auch der Italiener Philippo. Mit harmlosen Zaubereien und Späßen vertrieb er den anderen Gästen die langen Abende und verdiente sich damit ein gutes Trinkgeld. Durch Sauf und Spiel hatte er es jedoch alsbald wieder verloren. Das wusste auch der Wirt, der weit und breit als ausgesprochener Geizhals bekannt war.

Eines Abends wollte sich Philippo zur Ruhe begeben, da lud ihn der listige Gastwirt zu Wein und Würfelspiel ein. Er wollte ihn abfüllen und ihm das Geld abnehmen, das die Gäste nicht für ihn, sondern für Speis und Trank hätten ausgeben sollen. Stunde um Stunde verging. Der betrunkene Philippo verlor alles bis auf den letzten Heller.

Am anderen Morgen aber traute der Wirt seinen Augen kaum, als er die Hauswand seiner Schenke betrachtete. Philippo war verschwunden und hatte offenbar aus Rache ein katzenjämmerliches Bild an die Mauer gemalt. Keine Farbe und kein Wasser half, es zu entfernen. Vorbeiziehende Handwerksburschen zeigten spöttisch auf das Gebäude und riefen lachend: „Ihr habt ein seltsames Herbergsschild, Herr Wirt vom ‚Schwarzen Kater‘“. Noch heute trägt der Ortsteil von Dahlen diesen Namen.

Böse Vorzeichen und das Blut von Gommlo

Immer wieder beobachteten unsere Vorfahren Lichter am Horizont, bemerkten Erdbeben und schrieben über tagelange Beobachtungen von großen Planeten am Himmel. Die Chroniken der Städte im Heide- und Burgenland verraten einiges darüber, aber auch über den Aberglauben der Menschen. Am 26. November 1618 wurde zum Beispiel ein großer Planet am Himmel gesichtet und als Vorzeichen für etwas Schreckliches gesehen. Tatsächlich brach kurz drauf der Dreißigjährige Krieg aus und brachte Verwüstung und Leid über die Region.

Auch am 19. Dezember 1680 wurde über der Heide ein Komet beobachtet, der dann vier Wochen lang mit einem langen Schweif am Himmel zu sehen war. Man hatte das als Vorzeichen für schlimme Zeiten, für Hunger, Pest und große Not gedeutet. Als fünf Jahre später im Heidedorf Gommlo bei Kemberg ein schreckliches Wunder geschah, versetzte die Erinnerung an die Vorzeichen die Bevölkerung in Angst und Schrecken. So geschah es, dass in der Stube des Ortsrichters gegen Abend hin Blut unter der Wiege hervorquoll und schon bald noch mehr aus Ritzen und

*In den Chroniken der Städte und Klöster kann man viele merkwürdige und span-
nende Geschichten lesen, erfährt man vom Aberglauben und von den Ängsten unserer Vorfahren.*

Dielen. Es waren sechszehn Stellen an der Zahl. Auch an einer Säule der Stubentür
quoll Blut hervor, erst warm und flüssig, dann aber bald geronnen. Die herbeigeeilten
Leute aus dem Dorf sahen darin ein böses Vorzeichen. Alles Unheil, das danach in
der Heide geschah, hiel man für angekündigt durch das Blut von Gommlo.

Die Jägereiche und der große Stern

Die Heide, sei es die Dübener oder die Dahlener Heide, nutzte der Adel gerne für
sein Jagdvergnügen. Die Erlauchten reisten mit ihrem ganzen Hofstaat an, Diener,
Köche oder Kutscher mussten ebenso versorgt werden. Genächtigt wurde in den vielen
umliegenden Schlössern. Bei solchen Jagden trieben Bauern das Wild zusammen. Die
Jagdgesellschaften bekamen besonders Wildschweine und Rehe vor die Flinte.

Geschichten und andere Zeugnisse für die Jagdleidenschaft des kursächsischen
Hochadels sind bis heute geblieben. So kreuzen sich zwischen den Dörfern Krina,
Schwemsal, Rösa und Schköna in der Dübener Heide Waldwege, die heute als
Wanderwege und Ortsverbindungen genutzt werden. Dieser „große Stern" wurde
im 18. Jahrhundert für die freie Sicht auf das gejagte Wild angelegt. Auf heutigen
Wanderkarten kann man auch um Bad Düben und Bad Schmiedeberg ähnliche
große Kreuzungen mitten im Wald erkennen. Auch in der Dahlener Heide findet

man solche Orte. Dort, wo sich sieben Wege an einer Stelle treffen, beendete einst der sächsische Hof aus Dresden immer seine Jagden im Heidegebiet. An jener Wegespinne kam 1763 zum letzten Mal die kurfürstliche Jagdgesellschaft zusammen. Zum Gedenken an dieses Ereignis schnitzte man das kurfürstlich-sächsische Wappen in eine hier befindliche große Eiche. Daher behielt dieser markante Punkt bis heute den Namen „Jägereiche". Der Baum wurde allerdings vor vielen Jahren vom Blitz getroffen. Fuhrleute retteten einzelne Stücke mit Schnitzereien. In der Sitzenrodaer Kirche kann man das Kunstwerk besichtigen. Eine Nachbildung befindet sich im Heimatmuseum Dahlen.

Der stumme Pfarrer von Luppa

Chaos, Zerstörung und der drohende Tod zwang viele Menschen während des Dreißigjährigen Krieges zur Flucht. Auch Pfarrer Bernhard Schiffmann, der einst für die damals verbundenen Pfarrstellen Großböhla, Calbitz und Luppa zuständig war, musste sich mit Frau und Kindern des Öfteren in den Jahren 1631 bis 1643 nach Wittenberg, Mühlberg oder Torgau in Sicherheit bringen. Ganze zwölf Mal floh er in dieser Zeit. In Oschatz musste er sogar drei seiner Kinder zu Grabe tragen. Als er wieder zurückkehrte nach Calbitz und auch in Luppa schauen wollte, ob jemand da wäre, dem er predigen könnte, setzte er sich an einem Brunnen nieder, um sich mit einem Mahl zu stärken. Als plötzlich lautes Geschrei zu hören war und Panik ausbrach, weil der Feind wieder in der Nähe war, erschrak der arme Pfarrer so sehr, dass er für eine sehr lange Zeit verstummte.

Des Schuhmachers Kanonenkugel

Eine Kugel, die in einer Mauer steckt, regt den Betrachter in Döbeln zum Nachdenken an. Sie soll angeblich aus der Zeit des Siebenjährigen Krieges stammen. Mitte November 1761 wütete immer noch der erbitterte Kampf zwischen Preußen und den Österreichern auf sächsischem Boden. Am 14. November rückte das österreichische Corps erstarkt in Richtung Döbeln auf. Vom Steinberge hörte die Stadtbevölkerung das Kanonengedonner, das sich gegen die Preußen richtete, die sich zum Staupitzberg zurückgezogen hatten. Doch auch sie meldeten sich tags darauf mit schwerem Geschütz im Kampfgeschehen zurück. Döbeln schwebte in höchster Gefahr. Alle Tore waren versperrt, die Türen und Fenster verschlossen. Alle Zugänge zur Stadt waren verschanzt. Keine Uhr schlug, keine Glocken wurden geläutet. Der Marktplatz blieb verweist, die Gassen still. Alles zitterte in der Stadt. Niemand

In der Terrassenstraße in Döbeln erinnert noch heute eine Kanonenkugel an eine Schlacht und deren einziges Opfer.

wusste, was noch geschehen mag, denn der preußische Oberst hatte gedroht, die Stadt anzuzünden, wenn die Österreicher nicht abziehen. Doch am Ende wurde in der damaligen Stadt Döbeln kein Haus zerstört, keinem Menschen oder Tier geschadet.

Allein auf dem Staupitzberg, wo sich heute die Terrassenstraße befindet, erwischte es das Haus des Schuhmachers Nicolaus Wetzig. Eine österreichische Kanonenkugel war am 15. November eingeschlagen und hatte ihm die Beine weggerissen, sodass er starb. Zur Erinnerung, so sagt man, mauerten die Döbelner später eine Kanonenkugel in die Mauer des Hauses ein.

Die Tausendjährige Linde in Collm

Eine achtzehn Meter hohe Linde gewaltigen Ausmaßes steht auf dem kleinen Friedhof in Collm bei Oschatz. Hier soll sich Luther einst ausgeruht haben. Die Linde war schon vielen Generationen vor uns als tausendjährig bekannt. Man sagt, dass unter ihr im Mittelalter Recht gesprochen wurde, die Markgrafen über Leben und Tod entschieden. Später wurde die Linde als Pranger genutzt. Halseisen wurden dem Verbrecher hier angelegt. Noch vor Jahrzehnten konnte man sie an der Linde bestaunen. In den Städten fand man solche Pranger meist am Rathaus, wie in Colditz

Linden werden sehr alt. Unter diesen Bäumen wurden im Mittelalter das Dorfgericht oder Ratsversammlungen gehalten. Unter der über tausendjährigen Linde in Collm soll sogar Martin Luther geruht haben.

und Belgern, so wissen es die Chronisten zu berichten. In Colditz nutzten die Richter halbrunde Steine, die eine eiserne Kette zusammenhielt.

Solche seien den bösen Weibern, welche ihre Männer geschlagen hätten, um den Hals gehängt worden. Dann mussten sie mit diesem Schandgeschmeide eine Zeit lang auf dem Markt vor dem Rathaus herumgehen. In Belgern, so steht es geschrieben, sollen die Weibsbilder nach altem Gebrauch die Steine um das Rathaus getragen haben und danach auf dem Markt an den Pranger gestellt worden sein. Aber auch in Eilenburg wurden laut Chronik schon im Jahre 1601 zanksüchtige Weiber zum Tragen eines Steines am Hals verurteilt. In Geithain mussten jene Frauen und solche, die ihre Männer beleidigt oder angegriffen hätten, auf dem Marktplatz stundenlang Halseisen tragen. So wurde eines Seilers Ehefrau im Jahre 1681 bestraft, nachdem sie ihren Mann im Streit verletzt hatte.

Das Döbelner „Hundeloch"

Einst stand am Markt in Dobelin, das heute Döbeln genannt wird, an der Stelle des herrschaftlichen Rathauses im Renaissancestil ein imposantes gotisches Bauwerk mit gewaltigen Giebelmauern, die mit Spitzbögen verziert waren. Ein stattlicher, hoher Turm zeugte von der zunehmenden Bedeutung des Städtchens an der Mulde. Im Gebäude waren Ratssaal und Ratsstube untergebracht, eine Versammlungskammer für die Parteien. Aber auch ein Saal war zu finden, der zu Jahrmarktzeiten für die Tuchmacher Handelsort war und später eine Bühne für Schauspielvorstellungen beherbergte. Unter dem Treppenturm allerdings lag das „Hundeloch". So wurden die unterirdischen Gefängnisse bezeichnet, die später als Bierkeller oder Kohlelager genutzt wurden. Ein winziges Türchen, so heißt es in den Chroniken der Stadt, hatte tief in die Erde geführt. Weder Licht noch Luft konnte ins Dunkel eindringen. Wer dort hineingeworfen wurde, litt elendig.

So erzählt man sich auch, dass einst bei einem Bürgeraufruhr die regierenden Bürgermeister kurzerhand ins „Hundeloch" geworfen wurden. Auch hatten die Regierenden nicht nur einmal zum Schutz vor ihren eigenen Bürgern Hilfe bei den Landesfürsten und dem Rat gesucht. In der Nacht zum 27. Juni 1730 brannte beim großen Stadtbrand das Rathaus völlig aus und verlor zudem den imposanten Dachstuhl. Im Nachfolgebau waren die Gefängnisse nur noch Lagerstätte. 1911 hatte Döbeln den neuen Winkelbau erhalten, das jetzige Rathaus, und das Gefängnis ist für immer verschwunden.

Der falsche Arzt zu Rochlitz

Zu Beginn des 17. Jahrhunderts trieb sich ein Landstreicher in der Gegend um Rochlitz herum. Er stellte sich mit dem Namen Johannes Bucher vor und gab sich als ein berühmter Arzt aus der bekannten Familie Bucher aus Leipzig aus. Dabei stammelte und lispelte er aber und hatte ein auffällig hässliches Grinsen. Sein kohlrabenschwarzes Haar war auf der linken Seite kahlgeschoren, auf der rechten jedoch hing es ihm bis zur Schulter. Davon ließen sich die Kranken aber nicht beirren und glaubten seiner Familiengeschichte. Schon bald interessierte sich der selbst ernannte Arzt für eine ehrsame und fromme Witwe. Er gab sich als Wahrsager aus und las ihr aus der Hand. Gar schreckliche und traurige Unglücksfälle standen demnach der armen Frau bevor. Sie erschrak fürchterlich und flehte den Scharlatan an, sie doch aus dieser Not zu erretten. Hans Bucher versicherte ihr, er sei dazu nur imstande, wenn sie ihm bedingungslos gehorche. Die verzweifelte Frau versprach es, bei allem, was ihr heilig war. An einem verschwiegenen Ort sollte sie ihre Kleider ausziehen. Dann begann er sie auszupeitschen und misshandelte sie. Er zwang sie sogar, sich vom christlichen Glauben loszusagen. Die arme Witwe musste unsägliche körperliche und seelische Folter erdulden.

Am dritten Tage erlag sie schließlich ihrem Seelenkampf, nachdem sie ihre Sünden aufrichtig bereut und zum Herrn gebetet hatte. Als der Bruder der Witwe vom plötzlichen Tod seiner ansonsten gesunden Schwester erfuhr, bezichtigte er Hans Bucher beim Superintendenten und beim Rochlitzer Rat des Mordes. Deshalb wurde jener Missetäter des Verdachtes wegen aufs Richthaus gebracht und verhört. Man fand bei ihm einen Zauberstein und etliche vom Teufel geschriebene Zaubersprüche, die er in einem Beutel auf der Brust trug. Den Schöffen zu Wittenberg genügten diese Beweismittel aber nicht und sie verlangten, dass Bucher auf die Folterbank gehöre. Der Scharfrichter hatte wenig Mühe mit dem Taugenichts, denn dieser gestand sogleich alle seine Übeltaten – das Geißeln, den Beischlaf, die verlangte Absage an Gott, sein Bündnis mit dem Satan und vieles weitere. Er hätte sich selbst mit dem Teufel, der ihm als Frau erschienen sei, eingelassen und sich schließlich auch Rat vom Teufel geholt. Er wurde zum Feuertod verurteilt. Aus dem engen, dunklen Kerker, in dem er auf seine Hinrichtung wartete, hörte man fortan christliche Gesänge und stundenlange Gebete. Schließlich öffnete sich am 18. Juli 1608 die schwere Kerkertür und er erhielt das Heilige Abendmahl. Nur zwei Tage später schritt er getröstet und freudig zur Gerichtsstatt. Hunderte Zuschauer warteten darauf, dass er im 36. Jahr seines Lebens lebendig verbrannte.

Der Riesentopf von Penig

An der alten Salzstraße, einem bedeutenden Handelsweg zwischen Leipzig und Chemnitz in Richtung Böhmen, siedelten sich vor vielen Jahrhunderten an einem Muldenübergang fleißige Bauern an. Schnell wuchs das Dorf. Schon in der zweiten Hälfte des 13. Jahrhunderts war aus der Siedlung die Stadt Penig geworden. Anstelle einer Wasserburg entstand schon bald ein Schloss, in dem fortan Burggrafen residierten. In den engen Gassen herrschte große Geschäftigkeit. Besonders die Töpfer, es sollen zwölf um 1500 gewesen sein, machten Penig über die Stadtgrenzen hinaus bekannt. Auch sie mussten Abgaben leisten, den sogenannten Töpperzins.

Die Legende erzählt, dass Ende des 15. Jahrhunderts Kurfürst Friedrich der Weise als noch junger Prinz von einem Riesentopf in Penig hörte und diesen besichtigen wollte. Unter der Anleitung von Meister Hans Weider hatten die Peniger Töpfermeister einen mannshohen Topf geformt. Die Kunde über ein neues Weltwunder ging in alle Richtungen hinaus ins Land. Zahlreiche Fremde pilgerten nach Penig und bestaunten den großen Topf. Nun wollte sich der junge Friedrich den Topf ebenso von innen ansehen. Mithilfe einer Leiter kletterte er hinein, hörte den Hall seiner Stimme, lachte und bemerkte dann jedoch, dass er nicht mehr herauskommen würde. Jegliche Versuche, ihn hinauszuheben, misslangen. Also pochte er immer wieder gegen die Gefäßwand, bis der Topf durch die Faustschläge einen Riss und dann ein Loch aufwies. Friedrich konnte sich befreien. Die Töpfer standen vor den Scherben und waren traurig. Davon erfuhr der Prinz alsbald und bat seinen Vater, die Töpfer von ihren Abgaben zu befreien. Sie fertigten erneut einen riesigen Topf, in seiner Form glich er dem ersten, doch diesmal war er etwas größer und stand im sogenannten Topfanger.

Wie die Schildbürger ein neues Rathaus bauten

Die Schildbürger, einst ein vernünftiges, weises Völkchen, wurden wegen ihres Verstandes des Öfteren für Rat zu Fürst und Adel beordert. Deshalb beschlossen sie, um nicht wieder die Heimat verlassen zu müssen, fortan närrische Zeiten anbrechen zu lassen. Sobald einem etwas Närrisches einfiele, solle man es nur tun. Alte und Junge, Weiber und Kinder, niemand sei ausgeschlossen. Freilich bedauerte es manch alter Schildbürger still und heimlich, sein Leben lang witzig und schlau gewesen zu sein und nun zum Narren werden zu müssen. Doch alle zogen mit. Als würdigen Anfang ihrer neuen Lebensweise sollte ein neues Rathaus gebaut werden. Und zwar ein solches, das ihrer Narrheit würdig sei. Als alle Ämter vergeben waren, fehlte ihnen nur noch ein Flötenspieler oder Geiger, auf dessen lieblichen Gespiele Holz und Steine herbeigelaufen wären und sich ordentlich zu einem Bau zusammengefügt hätten. Hatte doch schon der griechische Orpheus mit seiner Harfe Vögel und wildes Tier, selbst große Wasserläufe und Berge gefügig gemacht. Da ihnen ein Musikant fehlte, der solch Wunder vermochte, krempelten sie die Ärmel hoch und begannen mit dem Bau.

Es sollte ein dreieckiges Rathaus sein, dafür brauchten sie jede Menge Holz. Jeder starke Mann war nun im Wald beschäftigt, der sich hinterm Berg erstreckte. Sie fällten Bauholz und befreiten die Stämme von Ästen. Wie sehr hatten sie sich nun eine Armbrust gewünscht, um sie heimzuschießen. Viel Arbeit und Mühen hätten sie sich erspart. Ihnen blieb aber nichts anderes übrig, als sich selbst mit den schweren Stämmen zu beladen. Nun brachten sie die Bauhölzer den Berg hinauf und auf der anderen Seite hinunter. Und auch der letzte Stamm wurde, wie die anderen, an Seilen festgezurrt und durch Heben, Lüpfen, Schieben, Treiben, Stoßen, Rollen, Walzen, Schleifen, Tragen, Schürfen, Rutschen, Ziehen, Kehren, Winden und Wenden vor sich her, hinter sich, unter sich und über sich, links und rechts, in die Länge und

Quere und schräg den Berg hinaufgebracht. Und plötzlich, vielleicht riss das Seil, purzelte und rollte der Stamm auf der anderen Seite den Berg hinab und blieb bei den anderen Stämmen liegen. Da blickten die Schildbürger überrascht und wunderten sich über den Verstand des Baumes. War er doch selbst gerollt. Die Schildbürger hatten sich die Mühe gemacht, die Bäume den Berg hinabzubringen, wie sie sie hinaufbrachten. Dabei hätten die Stämme selbst hinuntergefunden. Weil sie sich an den selbst hinunterrollenden Bäumen erfreuen wollten, packten sie die Hölzer noch einmal huckepack und stemmten sie wieder auf den Berg.

Höchst zufrieden standen sie oben und schauten den rollenden Stämmen zu. Und weil sie sich für das Gemeinwohl abgemüht hatten, gingen sie ins Wirtshaus und fraßen ein riesiges Loch ins Gemeindesäckel. Nachdem nun Bauholz zurechtgezimmert und Steine, Sand und Kalk herbeigebracht waren, begannen die Schildbürger mit dem Bau ihres dreieckigen Hauses. Froh waren sie um das große Scheunentor, wo das Heu der Gemeinde eingefahren werden sollte. Das Tor war zu ihrer aller Rettung, sonst hätte man über das Dach einsteigen müssen. Emsig wurde nun der Dachstuhl gezimmert und spät am Abend wieder auf Gemeindekosten im Wirtshaus gefeiert.

Am nächsten Morgen, pünktlich nach dem Glockenschlag, denn davor arbeitet man nicht, waren alle Schildbürger wieder auf der Baustelle beisammen und arbeiteten emsig wie die Ameisen. Und ein jeder Ziegel ging durch jede Hand, wie es sich gehörte. Als das Dach gedeckt war und der Einzug anstand, liefen die Schildbürger in ihr Rathaus. Doch was war das? Alles war finster, so sehr, dass man sich nicht sah und kaum hörte. Die Schildbürger erschraken – hatten sie etwas übersehen, das das Licht ausgetrieben oder aufgehalten hätte?

Als sie wieder aus dem Heutor hinaustraten, fanden sie ihre drei Mauern ganz und das Dach fein gedeckt. Die Sonne schien. Also gingen sie wieder hinein, konnten aber nicht feststellen, wo der Fehler lag. Es war ja finster. Sie setzten sich wieder zusammen und beratschlagten sich, was zu tun sei. Man war schon drauf und dran zu beschließen, alles abzutragen und neu zu bauen. Dabei könne man darauf achtgeben und den Fehler beheben. Nun meldete sich aber jener zu Wort, der vor der Narrheit der allerweiseste war und nun als der Allertörichste gelten wollte. Vielleicht könne man das Licht und den Tag in einem Sack tragen, genau wie das Wasser in einem Eimer. Keiner hatte es vorher versucht. Die Schildbürger wären die ersten. Gelänge es, so wären sie die Erfinder dieser Kunst. Wenn es schiefginge, würde es ihrem Vorhaben der Narrheit ganz dienlich sein.

Den Schildbürgern gefiel dieser Vorschlag und man machte sich ans Werk. Nach dem Mittag, als die Sonne am höchsten stand und der Tag am hellsten war, trafen sich die Schildbürger. Einige hatten Säcke mit, in die sie Sonnenstrahlen einschnürten. Andere waren mit geschlossenen Gefäßen, wie Zubern und Kesseln, angerückt. Ein jeder packte und fing den Tag ein, sei es mit der Heugabel, einer Mausefalle oder einer Schaufel, und trug ihn in das Rathaus, um ihn dort wieder auszuschütten. Das trieben sie den ganzen Tag und mit einem Eifer, dass sie am Abend ermüdeten und nach einem Trunk lechzten. Doch mit ihrer Arbeit hatten sie nichts erreicht. Das mussten sie feststellen. Dennoch hatten sie sich für das Gemeinwohl eingesetzt und gingen auf Gemeindekosten im Wirtshaus trinken.

Der Salzberg von Schildau

Vor vielen hundert Jahren war Salz sündhaft teuer, weil es von weit hergeholt werden musste und nicht überall zu kaufen war. Auch in Schildau ging irgendwann der Salzvorrat zur Neige und die Schildbürger machten sich Gedanken, wie sie wieder welches besorgen könnten. Aber keinem wollte eine Lösung einfallen. Der mit der größten Knollennase hatte dann die rettende Idee: Man müsste die verbliebenen Salzkörner aussäen. Die Salzpflanzen, so seine Theorie, würden die Vorräte eines

Die wohl berühmtesten Sagengestalten des Heide- und Burgenlandes sind die Schildbürger. In Schildau setzte man ihnen ein Brunnen-Denkmal.

ganzen Jahres hergeben. Sie machten sich an die Arbeit. Auf einem Berg bei Schildau pflügten sie Brachland, düngten es und säten die Salzkörner aus. Nun waren die Schildauer gespannt, was passierte. Einige harrten sogar Tag und Nacht am Acker aus und starrten aufs Feld. Des Nachts funzelten sie in die Furchen und mittags ließen sie sich Suppe bringen, natürlich ungesalzen.

Nach wenigen Tagen grünte das Feld. Das gefiel den Bürgern so sehr, dass sie ein großes Fest feierten. Der Bürgermeister versprach Salz in Hülle und Fülle. Zunächst müsste man allerdings die zarten Pflänzchen vor trampelnden Tieren schützen. Es fanden sich Freiwillige zum Aufpassen. Doch die Tiere würden sich nur aufhalten lassen, indem die Feldhüter ebenso aufs zarte Grün treten würden. Im Rathaus suchten sie Rat. Hier beschloss man, dass vier Träger einen Feldhüter übers Feld tragen sollten, damit dieser das Vieh verscheuchen kann, aber dabei keine Pflanzen zertreten muss.

Es vergingen viele Wochen und endlich waren die Pflanzen mannshoch. Die Bauern holten Sensen und setzten an. Beim Einladen der Ernte allerdings hörte man Wehklagen. Oh Gott, ist dieses Salz scharf, riefen sich die Schildbürger zu und holten sich Handschuhe. Doch Salzkörner waren keine an den Pflanzen. Einer behauptete, es seien Brennnesseln. Wie auch immer, sie mussten wieder auf den Salzhändler warten. Der Berg heißt heute noch Salzberg.

Der Bärenstein bei Penig

Wenn man aus Obergräfenhain Richtung Ortseingang Rathendorf läuft, so entdeckt man linker Hand in einer Fichtenschonung einen uralten Porphyrstein, der im Volksmund Bärenstein genannt wird. Im Dorf erzählt man sich, dass an dieser Stelle etwa um 1600 ein fremder Musiker, der seinerzeit auch Bärenführer war, mit seinem Tier nachts nach Obergräfenhain ging. Dabei riss sich der Tanzbär los und fiel ihn an und zerriss ihn. Wer genau hinschaut, erkennt die Figuren auf dem Stein noch heute.

Der Heuschreckenkönig von Wurzen

Im Herbst des Jahres 1542 verdunkelte sich am helllichten Tage der Himmel, ein Brausen und Brummen erfüllte die Luft. Wie ein Schneetreiben fegte eine riesige Wolke über Wurzen. Massen von Heuschrecken überfielen das Städtchen. Sie waren aus dem Osten, aus Litauen und Polen, in Richtung Mark Meißen gekommen. Auf den Straßen und in den Gassen lagen sie kniehoch und fraßen sich durch jedes Blatt, das sie nur finden konnten. Unter diesen Plagegeistern war der Heuschreckenkönig von der Größe eines Sperlings. Er war von schrecklicher Gestalt mit Klauen, langen Beinen und großen Augen. Die Bewohner fürchteten die Strafe Gottes, denn schon die Bibel sah die Plage als Vorzeichen auf das Jüngste Gericht.

Der Rolandklau

Als im kleinen Städtchen Belgern an der Elbe noch ein hölzerner Riese am Rathaus stand, Pferdekutschen mit dicken Bierfässern durch die engen Gassen klapperten und am Hafen die emsigen Fischer frühmorgens schon die ersten Netze einholten, trug eine Feindschaft mit dem Nachbarort Torgau des Öfteren seltsame Früchte. So soll es sich begeben haben, dass die Torgauer die Bürger von Belgern um ihren bunten Holzroland immer mehr beneideten. Um das Jahr 1600 beschlossen sie, den Roland zu rauben. Dafür schlichen sie sich des Nachts durch das Torgauer Tor zum Markt, wo der Nachtwächter schon längst seine Runde beendet hatte. Sie hievten die Figur vom Sockel und packten sie zum Abtransport auf eine Karre. Doch weit kamen sie damit nicht. Als die Belgeraner von dem Klau erfuhren, verfolgten sie die Räuber wutentbrannt und konnten sie an der Ziddelmühle einholen. Den Roland stellten sie zurück an das Rathaus, doch sein Horn, das an einer vergoldeten Kette über seiner Schulter hing und noch heute im Wappen der Stadt zu sehen ist, muss verloren gegangen sein.

Der Roland in Sachsen ist auch der einzige barfüßige. Einst klauten die Torgauer den (noch) hölzernen Riesen. Zur Strafe mussten sie in seinen rechten Zeh beißen.

Der Rat ließ bald darauf vom Steinmetz Peter Bühringer den Riesen aus Sandstein hauen. Auch damit den Torgauern ein solcher Klau nicht noch einmal gelänge. Seit dieser Zeit steht der Roland mit Schild als Wächter am Markt. Jeder Torgauer, so behauptet jedenfalls die Sage, beiße seither in den großen Zeh des Rolands – als Zeichen der Reue oder dafür, dass sie sich an diesem die Zähne ausgebissen haben. Ob das stimmt, muss man die Torgauer fragen.

Übrigens ging der Aberglaube der Menschen so weit, dass, als der rechte Arm des Riesen im Jahr 1929 abbrach, die Leute dies als ein böses Vorzeichen ansahen. Wenig später sollte sich dieses durch das „Dritte Reich" und dessen Folgen bestätigen.

Wie der Ort Vogelgesang zu seinem Namen kam

Im Juli 1324 wurde das Torgauer Land von einem verheerenden Erdbeben heimgesucht. Hütten stürzten ein und begruben ihre Bewohner, Mauern zerbrachen, Bäume kippten um und das Vieh lief herrenlos durch die Straßen. Der ganze Landstrich war verwüstet, die Menschen plötzlich obdachlos. Vom Erdbeben war besonders das Städtchen Dommitzsch nahe Torgau betroffen, das gerade eine kulturelle und wirtschaftliche Blütezeit erlebte. Der Legende nach hatte sich der Ort bishin zum heutigen Vogelgesang gezogen. An dieser Stelle stand das Torgauer Tor, das wie fast der gesamte Stadtteil dem Erdbeben zum Opfer fiel. Allein die Mühle, die sich unweit des Torgauer Tores befand, hatte kaum einen Kratzer.

Als die Stadtväter am Morgen nach dem Beben durch ihren Ort gingen, um die Schäden zu begutachten, entdeckten sie auf ebendieser drei wundersame Vögel, von deren Art sie nie zuvor ein Exemplar erblickt hatten. Die Tiere begannen ein schönes, aber trauriges Lied zu zwitschern, in einer Weise, die die Stadtväter nicht kannten. Bald darauf pfiffen sie ein lieblicheres, fröhlicheres Lied und verschwanden. Nie wieder wurden sie gesehen. Die Bewohner der Gegend nannten den Ort fortan Vogelgesang.

Andere Sagen erzählen vom Rittergut Vogelgesang, das durch das Erdbeben losgetrennt wurde und sich vom Orte Dommitzsch fortbewegte. Weitere Versionen behaupten gar, dass das noch namenlose Rittergut einem Kurfürsten Sachsens und dessen Frau, die von Torgau nach Wittenberg reisten, als Raststätte und Ort zum Schlafen diente. Als der Kurfürst und seine Gemahlin am nächsten Morgen ausgeschlafen und gestärkt vor die Tür der Herberge traten, freuten sie sich über den wunderschönen Maitag und die zahlreichen Vögel, die sie zwitschernd begrüßten. Die Frau des Kurfürsten soll gesagt haben: „Dieses Gut könnte mit Recht ein Vogelgesang genannt werden." Und so nannte es der Besitzer fortan mit Stolz und kurfürstlicher Erlaubnis.

*Nur eine Mühle hätte in früherer Zeit ein verheerendes Erdbeben im Torgauer Land
unbeschadet überstanden. Dort soll der Ortsname Vogelgesang entstanden sein.*

Der Kletterer aus Mahlis

Im kleinen Dorf Mahlis bei Wermsdorf kennt noch heute jeder die Geschichte vom
wohl berühmtesten Sohn des Ortes. Es ist zwar keine Sage im eigentlichen Sinne,
aber seine Tat war allemal sagenhaft. Denn Johann Friedrich Sebastian Abratzky,
dessen Geburtshaus in Mahlis steht, erkletterte mit neunzehn Jahren als erster
Mensch überhaupt in anderthalb Stunden die Festung Königstein in der Sächsischen
Schweiz. Das war am 19. Mai 1848. Der Schornsteinfegergeselle wurde zum Kom-
mandanten gebracht, verhört und wegen des „verwegenen Streiches" eingesperrt.

Der Felsvorsprung am Plateau, das er damals erreichte, heißt heute noch Abratz-
kyfels.

Pilgern zum Altmügelner Stoppelmarkt

Im Dörfchen Altmügeln bei Mügeln steht eine der größten und ältesten Dorfkirchen in Sachsen. Die Marienkirche blickt auf eine mehr als tausendjährige Geschichte zurück. Einst war sie eine Wallfahrtskirche, da Papst Gregor IX. gegen 1230 eine besondere Marienverehrung an bestimmten Feiertagen einführte. Viele Tausende Gläubige pilgerten in den kleinen Ort, um am Feiertag Mariä Geburt, dem 8. September, durch Beten und Opfern einen vierzigtägigen Ablass aller Sünden zu erwirken. Dieser Zustrom an Menschen, die von ihrer Schuld befreit werden wollten, lockte schnell auch Händler an. Rund um die Kirche, sogar auf dem Friedhof, wurden schon bald Dinge des täglichen Lebens angeboten.

Wegen Störung der Totenruhe verlegte man das Treiben im 15. Jahrhundert auf des Müllers Feld hinaus. Er war verpflichtet, seinen Acker nach der Abernte hierfür zur Verfügung zu stellen. Schnell hieß der Markt deshalb Stoppelmarkt. Auch nach der Reformation, als der Sündenablass entfiel, kamen jedes Jahr zahlreiche Bewohner der umliegenden Dörfer und Städte. Der Verkaufsmarkt gehörte in seiner Blütezeit um 1844 zu den größten Jahrmärkten im Sachsenlande. 780 Verkaufsbuden zählte man damals. Der Stoppelmarkt überdauerte die Zeiten bis 1977. Die Gelder aus dem Ablasshandel und später aus dem Budenverleih machten Altmügeln zu einer wohlhabenden Gemeinde.

Das Findelkind von Schildau

Schildau in der Dahlener Heide nennt sich stolz Gneisenaustadt, denn August Wilhelm Antonius Graf Neidhardt von Gneisenau hat hier das Licht der Welt erblickt. Am 27. Oktober 1760, in Sachsen tobte zu dieser Zeit der Siebenjährige Krieg, lag seine Mutter in den Wehen. Sie war ihrem Mann, einem Leutnant der Artillerie, als Soldatenfrau gefolgt. Vor den Toren Torgaus lag bereits die Reichsarmee. Sie waren die Verbündeten der Österreicher gegen das preußische Heer. Die Familie des Leutnants blieb in Schildau. In einem Hinterzimmer des Gasthauses „Zur Weintraube" wurde Gneisenau geboren und wenige Stunden später getauft. Die preußische Armee rückte immer näher. Wie man aus der Geschichte weiß, stand die blutigste Feldschlacht des 18. Jahrhunderts auf den Süptitzer Höhen bevor. In aller Eile brach der Tross der Reichsarmee auf, um ins Winterquartier nach Fürth zu gelangen. Auf dieser Reise im offenen Bauernwagen verlor die entkräftete Mutter ihr Kind. Es war kalt und dunkel. Dutzende Wagen rollten gen Süden.

Als armes Findelkind lebte der spätere Feldmarschall August Graf Neidhardt von Gneisenau neun Jahre in Schildau. Heute erinnert ein Denkmal am Rathaus an den berühmten Sohn der Stadt.

Das Kind hatte Glück und soll von einem Grenadier in einem Bündel auf der Mühlberger Heeresstraße, der heutigen Sitzenrodaer Straße, gefunden worden sein. So kam der Säugling wieder nach Schildau. Seine Mutter starb wenige Tage später. Davon erfuhr das Kind erst viel später. Eine schwere Zeit brach an. Aufgenommen und umsorgt von einer Schildauerin, hatte der Junge wenig. Das arme Findelkind verbrachte neun Jahre in Schildau, bis sein Großvater ihn fand und zu sich holte. Wie er seinen Enkel aufspüren konnte, ist schriftlich nicht überliefert. Die Legende berichtet allerdings, dass sich im Bündel das Gebetsbuch der Mutter befand.

Wie Dahlen zur Sackhupperstadt wurde

In den dichten Wäldern rund um Dahlen hatte einst Kaiser Heinrich zur Jagd geblasen. Das war auch den Sorbenwenden, deren Macht der Kaiser vor Jahren zerbrochen hatte, zu Ohren gekommen. Sie schlichen nun schon tagelang heimlich durch den Wald mit Mordwaffen in ihren Händen. Einen bitterbösen Plan hatten sie, den sie abends am Lagerfeuer besprachen. Es war gerade Zeit der Heidelbeeren und ein Dahlener Junge, der mit vollen Körben auf dem Heimweg war, entdeckte die Sorben. Rasch schlich er auf allen Vieren zur Lichtung, erblickte grimmige Gesichter und hörte vom Plan, Heinrich zu ermorden. Als er sich sachte umdrehte, um dem Bedrohten das Gehörte schnell zu berichten, da knackte ein Ast unter seinem Schuh. Die Sorben packten den Jungen am Schlafittchen, fesselten seine Hände und steckten ihn in einen Sack – am Halse zugeknöpft, nur den Kopf ließen sie draußen. Als die Eule zur Nacht rief und das Feuer langsam erlosch, streckten die Wilden bald ihre Glieder.

Der Junge fasste all seinen Mut zusammen. Er kroch wie eine Schlange durchs dichte Holz über dicke Steine, bis er auf einen Heideweg gelangte, der vom Mond erhellt wurde. Er stellte sich auf die Beine und siehe da, der junge Dahlener hüpfte weiter. Hin und wieder fiel er auf die Nase, doch das entmutigte ihn nicht. Das Schnarchen der Männer war noch lange zu hören. Vor den Toren von Dahlen, völlig außer Atem, half ihm der Torwart aus dem Sacke. Noch in derselben Nacht meldete der Junge alles Erlebte dem Kaiser. Dieser fluchte, dann lachte er und schickte sogleich seine Mannen zum Lager der Sorben. Allesamt wurden sie in Ketten gelegt. Der Kaiser ließ ein Fest steigen.

Eine andere Sage erzählt von einem Überraschungsangriff auf die Stadt Dahlen, den feindliche Söldner fast 700 Jahre später im Dreißigjährigen Krieg vorbereiteten. Ein Schäfer begegnete ihnen mit seiner Herde. Damit dieser sie nicht verrät, nahmen die Söldner den Schäfer gefangen und steckten ihn in einen Sack. In einem unbeobachteten Moment in der Nacht konnte auch er hüpfend und rollend entkommen. Er warnte die Dahlener Bevölkerung, die sich erfolgreich mit der Waffe verteidigte.

Dem Schäfer setzten sie ein Denkmal.

Ortsregister

Literaturverzeichnis

LOTHAR BECHLER/MICHAEL KIRCHSCHLAGER: *Der spukende Sarg: Wahrhaftige Geschichten von Gespenstern, Poltergeistern und anderen seltsamen Erscheinungen.* Arnstadt: Verlag Kirchschlager, 2003.

LOTHAR BECHLER/MICHAEL KIRSCHSCHLAGER: *Das sächsische Obscurum: Erschreckliche, scheuderliche und greuliche Geschichten sowie allerlei andere Merkwürdigkeiten aus alten Chroniken.* Arnstadt: Verlag Kirchschlager, 2001.

PAUL LUDOLPH BERCKENMEYER: *Neu-vermehrter curieuser Antiquarius: Allerhand auserlesene Geographische und Historische Merckwürdigkeiten, so in denen Europäischen Ländern zu finden.* Hamburg: Christian Herold, 1746.

CARL ROBERT/GUST. HERM BERTRAM: *Chronik der Stadt Belgern und Umgegend:* Nach selbst zusammengetragenen authentischen Nachrichten bearbeitet und herausgegeben von den Gebrüdern Carl Robert und Gust. Herm. Bertram. Belgern: Selbstverlag, 1860.

Wolfgang Beuche: *Das lyrische Eilenburg: Gedichte, Lieder, Märchen, Sagen & Geschichten aus Eilenburg und Umgebung.* Eilenburg: Verlag für die Heimat, 2017.

Friedrich Bode: *Chronik der Stadt Rochlitz und Umgegend.* Rochlitz: Bode Verlag, 1866.

S. Buchhold: *Geschichte der Stadt Eilenburg chronologisch in Auszügen,* Entnommen, überarbeitet und zusammengestellt aus Chroniken, Sachbüchern und Abhandlungen. 2012/13.

Des bekannten Diebes, Mörders und Räubers Lips Tullians, Und seiner Complicen, Verlag Johann Theodor Heinsius Waldenburg, 1726.

Matthias Donath/Lars-Arne Dannenberg: *Museum Mühlberg 1547: Essays und Katalog.* Berlin: Lukas Verlag, 2016.

Oskar Ebermann: Elbsagen: *Die schönsten Sagen von der Elbe und den anliegenden Landschaften und Städten.* Dresden: Saxoniabuch, 2013.

Gerhard Eckert: *Anekdoten aus Sachsen.* Husum: Husum Druck- und Verlagsgesellschaft, 1992.

Ernst Frei: *Lips Tullian und seine Raubgenossen.* Neusalza Verlag Louis Oeser, 1854.

Oscar Giessler: *Sächsische Volks-Sagen.* Heft 3, Heft 8, Heft 17, Heft 19. Stolpen: Julius Hanzsch Verlag, 1880.

Dr. Johann Georg Theodor Grässe: *Der Sagenschatz des Königreichs Sachsen.* Leipzig: G. Schönfeld's Verlagsbuchhandlung, 1874.

Johann Friedrich August Heller: *Sächsische Geschichte und Geographie – Ein Lehr- und Lesebuch für Stadt- und Landschulen.* Verlag der Gebrüder Baensch, 1857.

Lutz Heydick/Uwe Schirmer: *Kloster Eicha: Wallfahrts-, Antoniter-, Reformations- und Ortsgeschichte.* Markkleeberg: Sax-Verlag, 1997.

Carl W. Hingst: *Chronik von Döbeln und Umgegend.* Döbeln: Schmidt, 1872.

Johann Kamprad: *Leisnigker Chronica, oder Beschreibung der sehr alten Stadt Leisnigk.* Leisnig: Kamprad, 1753.

Hans-Jürgen Ketzer: *Sagen und Bilder aus dem Leipziger Land.* Taucha: Tauchaer Verlag, 1998.

Ruth Kraft: *Schildbürgerbuch von 1598.* Rostock: Carl Hinstorff Verlag, 1954.

Frank Kreisler: *Sagen und Bilder um das Dübener Land. Nacherzählt und erläutert von Frank Kreisler.* Taucha: Tauchaer Verlag, 2000.

Dietrich Kühn: *Sagen und Legenden aus Sachsen.* Weimar: Wartburg Verlag, 2003.

Elisabeth Kumpf: *Jungferngrube und Teufelsschmiede: Sagen aus dem Gebiet des Bistums Dresden-Meißen.* Leipzig: St.-Benno-Verlag GmbH, 1983.

Werner Lauterbach: *Sagenbuch des Erzgebirges.* Oranienburg: Altis-Verlag, 1995.

Just Heinrich Leopold: *Chronik und Beschreibung der Fabrik- und Handelsstadt Meerane.* Meerane: Geucke, 1863.

Leipziger Lehrerverein: *Aus Sachsens Sagenborn: Ein Heimatbuch.* Leipzig: Dürr'sche Buchhandlung, 1925.

Hans-Christian/Steffi Mannschatz: *Sagenhaftes Sachsen: Eine Auswahl der schönsten sächsischen Sagen.* Leipzig: Sachsenbuch, 1995.

Anne Maurer: *Sagenhaftes Muldenland. Von Kobold, Nix und Weißen Frauen, Huckauf, Mahr und Wiedergängern.* Markkleeberg: Sax Verlag, 2013.

Alfred Meiche: *Sagenbuch des Königreichs Sachsen.* Leipzig: G. Schönfeld's Verlagsbuchhandlung, 1903.

Oschatzer Geschichts- und Heimatverein e.V.: *Der Rundblick –Aus Kultur und Heimat der Kreise Wurzen – Oschatz – Grimma,* Ausgaben 1954–1956. Oschatz.

Wolfgang Reuter: *Chronik der Stadt Geithain: I und II.* Marburg: Dedo-Verlag, 2001.

Hagen Rösner: *Heimatsagen des Torgauer Landes:* Teil 1, 1991.

Patrick Schmidt: *Wandelbare Traditionen – tradierter Wandel: zünftische Erinnerungskulturen in der Frühen Neuzeit.* Köln: Böhlau Verlag, 2009.

Robert Schmidt: *Geschichten und Sagen des Oschatzer Landes:* Teil I. Oschatz: Verlags-, Werbe- und Philaservice Robert Schmidt, 2006.

Adolph Segniz: *Sagen, Legenden, Mährchen und Erzählungen aus der Geschichte des Sächsischen Volkes in Einer Reihe von Romanzen, Balladen etc.* Meißen: C.E. Klinkicht Verlag, 1841.

Friedemann Steiger: *Sagenhafte Geschichte zwischen Elbe und Mulde.* Weimar: Wartburg Verlag, 2006.

Tourismusverband Sächsisches Burgen- und Heideland: *Sagenhaftes Sächsisches Burgen- und Heideland. Ein Leseabenteuer für Klein und Groß.* Waldheim: Tourismusverband Sächsisches Burgen- und Heideland, 1995.

TZ: *Der große Sohn Schildaus.* 29.10.2010.

Hans-Jörg Uther: *Sächsische Sagen.* Jena: Eugen-Diederichs-Verlag, 1992.

Hans-Jörg Uther: *Sagen aus Sachsen.* Reinbek: Rowohlt, 1994.

Hans-Jörg Uther: *Sächsische Sagen: Bild und Heimat.* Berlin: Bild und Heimat, 2014.

Verein für Heimatkunde Mühlberg: *Sagen und Geschichten aus Mühlberg und Umgebung.* 2007.

Dietmar Werner: *Das Fegeweib vom Katzenstein: Frauen in der sächsischen Sage.* Leipzig: Verlag für die Frau, 1986.

Manfred Wilde: *Die Zauberei- und Hexenprozesse in Kursachsen.* Köln: Böhlau Verlag, 2003.

Willy Winkler: *Die Heimat hat es mir erzählt. Sagen und Erzählungen rund um Bad Düben.* Bad Düben: Verlagsdruckerei Bad Düben, 1947.

Widar Ziehnert: *Sachsens Volkssagen: Balladen, Romanzen und Legenden.* Annaberg: Rudolph & Dieterici, 1838.

www.doebeln.net; www.heidestadt-dahlen.de; www.wanderwelten-mittelsachsen.de; www.regionen.sachsen.de; www.saechsisches-burgenland.de

**Sagenhaftes
Altenburger Land.**
Teufel, Mönch und
Holzgespenst

Antje Beyer, Johannes Fabian

978-3-95400-529-1
19,99 €

Sagenhafter Harz
Die schönsten Geschichten rund um
Ritter, Kaiser und Burgfräulein
Horst Baumgart
978-3-95400-794-3 | 20,00 €

**Raubritter und Burgfräulein
in Thüringen**
Die schönsten Geschichten
und Legenden

Horst Baumgart

978-3-95400-781-3
19,99 €